国际青年力量

姜广秀◎著

国家行政学院出版社
·北　京·

图书在版编目（CIP）数据

国际青年力量／姜广秀著．—北京：国家行政学院出版社，2022.1（2022.4 重印）
ISBN 978-7-5150-2463-9

Ⅰ．①国…　Ⅱ．①姜…　Ⅲ．①国际交流—文化交流—研究—中国　Ⅳ．①G125

中国版本图书馆 CIP 数据核字（2022）第 055636 号

书　　名	国际青年力量 GUOJI QINGNIAN LILIANG
作　　者	姜广秀
责任编辑	李瑞琪　王　莹
出版发行	国家行政学院出版社 （北京市海淀区长春桥路 6 号　100089）
综 合 办	（010）68928903
发 行 部	（010）68928866
经　　销	新华书店
印　　刷	北京盛通印刷股份有限公司
版　　次	2022 年 1 月北京第 1 版
印　　次	2022 年 4 月北京第 2 次印刷
开　　本	170 毫米×240 毫米　16 开
印　　张	17.75
字　　数	215 千字
定　　价	66.00 元

顾问委员会

（按姓氏笔画排序）

总顾问　王星娴

顾　问　马誉炜　王义桅　施国华　文　三

许　森　孙　涛　李盛平　邹大力

陈广生　胡　畔　袁玉峰　高　志

序一
PREFACE

习近平主席指出："当前，我国处于近代以来最好的发展时期，世界处于百年未有之大变局，两者同步交织、相互激荡。"这一重要论述是对当今世界发展大势做出的一个重大战略判断。

新中国成立后，党和国家领导人非常重视国际青年交流，积极推动中国青年和世界青年的友好交往，通过一系列的工作开辟了中国更广阔的外交空间，播撒了青年公共外交的种子，也向世界青年展示了中国青年的精神面貌，为维护亚洲及太平洋地区和世界和平做出了贡献。

当今时代，世界形势持续发生深刻变化，世界经济面临新问题，人类的生存发展面临很多新挑战，国际关系不断调整、国际秩序面临重构。面对这些新局面、新格局，中国应该走出新的步伐，中国青年则更应承担新的历史使命、坚定责任意识，以大国视角观察世界局势、分析国际形势，和国际青年一起积极参与并引领全球治理。

奋斗足迹、时光铭刻。新冠肺炎疫情的全球肆虐，给人们带来了诸多危机感。当然，全世界也感受到了中国青年为人类的福祉前仆后继、勇往直前的担当精神。在2020年参加抗疫的医务人员中，有近一半是“90后”“00后”。这些年轻的医护人员用青年力量生动展示了伟大的抗疫精神，为守护人类的生命构筑了铜墙铁壁，更加彰显了中国青年的担当。

“征途漫漫，唯有奋斗。”新时代的中国青年应站在世界的角度，看待天下发展大势，为世界的文明和人类奋斗不止。因此，中国青年不仅要思考自己民族国家的问题，还要理性思考世界发展的问题，通过各种渠道主动加强不同国家和区域间青年的交流与合作，推动不同文化的融合发展；积极参与国际友好交往，共同推进国际关系的健康良性发展；致力于人类的和平与发展，以身作则贡献力量；应对各种挑战，推动构建人类命运共同体，实现世界人民一起过上好日子的美好愿景。作为世界的未来，中国青年已成为推进人类文明进步的强大力量，践行着世界担当。在国际交流中，我们应向国际社会传达构建人类命运共同体的“中国青年声音”，增强中国影响力，提高中国感召力。

“大道不孤，天下一家。”在全球化的今天，文化是世界交流互鉴的重要力量，青年因文化而凝聚在一起共同推动社会的发展。我们要站在中华民族永续发展的立场，以包容的态度让国际青年分享中国文化的营养，帮助他们走好学习之路、智慧之路、发展之路，在构建人类命运共同体过程中，发挥青年的重要力量。

《国际青年力量》一书在习近平新时代中国特色社会主义思想的指导下，以“国际青年、青年国际”的理念，结合理论和实践，站在青年的角度阐释如何讲好中国故事和传播好中国声音，其观点鲜明、立意深远、内涵厚重；娓娓道来，既富哲理又蕴含感情，为提升中华文化影响力提供了一个新的视角，给人一种思想的力量。

历史画面永远铭记。“一个青年工作者一定要热爱青年，要善于把青年中蕴藏的那种蓬勃向上的因素激发出来，同时自己也从中受到感染。”青年工作者要有大担当、大格局、大作为，才能把国际青年交流工作做得有广度有高度有温度，扎实且出色。希望本书能对国际青年交流工作者有所帮助，以更高的国际视野，更实的工作方式，把和平与发展的理念播撒到世界各国青年心里并开花结果，共同推动构建人类命运共同体。

风好正扬帆，奋进正当时。党的十九届五中全会擘画了鼓舞人心的宏伟蓝图，面对如此难得的机遇，我们要立足新发展阶段，贯彻新发展理念，构建新发展格局。青年人要锐意进取、砥砺前行，同奋战、共奋进，开创世界发展新局面，为世界的和平与发展做出更大的贡献。

胸怀千秋伟业，恰是百年风华。2021年是中国共产党百年华诞，广大青年要凝心聚力、守正创新，讲好中国共产党为人民谋幸福、为民族谋复兴、为世界谋大同的故事，让世界更好地认知、了解、读懂中国之治。

青年因世界而发展，世界因青年而改变。在此，祝福中国青年、祝福世界青年，世界因你们而精彩。

2021年5月8日

序二
PREFACE

党的十八大以来，习近平总书记高度重视青年在公共外交中的特殊作用。习近平总书记殷切期望新时代中国青年“要有家国情怀，也要有人类关怀”，为推动构建人类命运共同体而努力；多次强调要做好中外青年交流，培养人民友好事业接班人，并在多个外交场合深情勉励、亲切寄语各国青年，倡议并提出多个在多边和双边框架下的青年交流项目，身体力行推动中外青年交流交往。习总书记的重视、推动和重要指示为我们做好新时代国际青年交流工作指明了工作方向，提供了根本遵循。

国际青年交流工作服务党政外交。在国家外交中，我国加大国际青年交流的力度与广度，举办了一系列的具有影响力的项目和活动，鼓励青年根据各国发展需求在科技、文化、资源、经济、绿色领域共商共建共享共赢，促进了国家之间的合作，为世界发展和稳定贡献青年力量与智慧。

国际青年交流工作助力改革开放。党的十一届三中全会拉开了改革开放的序幕，需要通过民间交流促进与世界各国的友好合作，需要培养具有国际视野的经济建设优秀人才，需要引进国外智力。

国际青年交流工作从文化交流模式到经贸合作思路，从国际项目创新到创新管理理念，从推动青年交流到促进民心相通，中国国际青年交流中心在发展模式、体制机制、管理架构等方面都进行了卓有成效的改革创新，助力了改革开放，是改革开放伟大实践的生动缩影，诠释了改革开放的中国道路。

国际青年交流工作塑造青年价值观。习近平总书记强调："青年的价值取向决定了未来整个社会的价值取向，而青年又处在价值观形成和确立的时期，抓好这一时期的价值观养成十分重要。"通过国际青年交流工作，不仅使青年扩大了全球视野，全球胜任力不断加强，全球治理话语权显著提升，也日益具备了为世界做出更多、更大贡献的意愿和能力，已成为国际体系不可或缺的重要力量。

当前，百年变局和世纪疫情交织叠加，单边主义、保护主义逆流横行，强权政治、冷战思维沉渣泛起，世界进入动荡变革期，不稳定性不确定性显著上升，国际青年交流工作面临挑战与机遇。

《国际青年力量》一书理论联系实际，以青年人文交流为支撑点，根据青年发展的现实需要，诠释国际青年交流工作的内涵和张力，彰显了国际青年的世界表达。青年是未来，本书总结了国际青年交流工作的一些做法，丰富了国际青年交流工作的一些理论，充满了青年力量与智慧。希望本书能对创新国际青年交流工作理念有一定的借鉴意义。

在新的历史形势下，国际青年交流工作要以时代变化为晴雨表，以大局贡献度为导向，积极开辟新局面。在此，希望广大国际青年交流工作者以只争朝夕的紧迫感和时不我待的使命感，重塑国际青年交流工作格局，创新国际交流与合作的机制和模式，增强把工作对象转化为工作力量的综合能力，提高国际青年交流合作的广泛性和影响力，在国际青年交流事业中谱新篇、立新功。

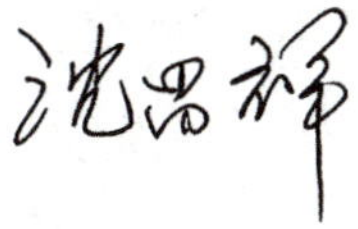

2021年7月17日

C O N T E N T S 目录

01

平易近人

Ping Yi Jin Ren

- 给高校青年回信的意义及价值
- 交流互动：拉近与国外高校大学生的距离
- 温暖的故事让世界人民心相通

给高校青年回信的意义及价值

党的十八大以来，习近平总书记经常采用回信形式与社会各界沟通，充分展现了亲民、爱民、为民的情怀，成为其执政风格的显著特色之一，其中有四分之一的回信是给高校青年的。我们认真学习研究这些回信，深刻理解回信的重要意义和价值底蕴，对于做好新时代高校青年思想政治工作具有十分重要的推动作用。

一、习近平总书记给高校青年回信的基本概况

据公开报道统计，2013年至今，习近平总书记撰写了65封回信（不包括致电、致信、贺信）。信件特点有三个：一是回信对象十分广泛。包括大中小学生、留学生、大学生村官、专家、志愿者、医护人员、劳模、官兵、企业家、运动员、表演艺术家、基层群众等，其中给高校青年的回信占比最大。二是回信对象越来越国际化。仅2019年就分别给美国、意大利、老挝、日本、巴布亚新几内亚等国的青少年回了信。三是回信内容十分丰富。包括人类命运共同体、抗击疫情、教育、文化、经济、扶贫、就业、创新创业、志愿服务、环境、健康、国防等。

全面梳理习近平总书记的回信后可以看出，给高校青年的回信有16封，高校青年是其回信的重要群体，回信数量多、频率高，见表1-1。

表1-1　2013—2020年习近平总书记给高校青年回信情况

序号	时间	回信对象	主要内容
1	2013年5月2日	北京大学考古文博学院2009级本科团支部全体同学	把人生理想融入国家和民族的事业中，勇做走在时代前面的奋进者、开拓者、奉献者
2	2013年12月5日	华中农业大学“本禹志愿服务队”	志愿服务、青年担当
3	2014年1月16日	全体在德留学人员	报效祖国和人民
4	2014年5月3日	河北保定学院西部支教毕业生群体代表	支教事业、基层
5	2017年4月20日	中国工合国际委员会、北京培黎职业学院	构建人类命运共同体
6	2017年8月15日	第三届中国“互联网+”大学生创新创业大赛“青年红色筑梦之旅”的大学生	创新创业
7	2017年9月23日	南开大学8名新入伍大学生	参军入伍、国防
8	2017年10月11日	南南合作与发展学院首届硕士毕业生	南南合作
9	2017年12月30日	莫斯科大学中国留学生	青年担当
10	2019年6月18日	北京体育大学2016级研究生冠军班全体学生	体育强国
11	2020年1月6日	世界大学气候变化联盟的学生代表	生态文明
12	2020年2月21日	北京大学首钢医院实习的西藏大学医学院学生	医疗、基层
13	2020年3月15日	北京大学援鄂医疗队全体“90后”党员	新冠肺炎疫情、青年担当
14	2020年5月17日	北京科技大学全体巴基斯坦留学生	新冠肺炎疫情、人类命运共同体
15	2020年6月27日	复旦大学《共产党宣言》展示馆党员志愿服务队全体队员	理想信念
16	2020年7月7日	中国石油大学（北京）克拉玛依校区毕业生	高校毕业生就业

2013年和2014年，习近平总书记连续两年在五四青年节前夕，专门给高校青年回了信，开启了与高校青年以回信形式进行交流互动的模式。截至2020年10月，他已给世界大学气候变化联盟学生代表和国内5所高校青年回信，是历年给高校青年回信最多的一年。

习近平总书记每次回信都令所在学校的青年学生深受鼓舞，并引发全国青年的学习与讨论。在互联网高度发达的今天，回信这一传统的互动方式，经过新媒体的广泛传播，使习近平总书记与高校青年之间的情感更紧密、更真诚、更温暖，在社会上产生了积极影响。有的回信直接推进了社会制度的进步，如2013年给“本禹志愿服务队”的回信，直接促进了青少年志愿服务的制度化和常态化。

习近平总书记给高校青年的回信饱含深情，充满关怀，像亲人一样和青年亲切交流，在青年中产生了强烈反响，特别对当事人影响更大。收到回信后，青年们内心充满激动和喜悦，通过座谈会、征文、演讲等活动，把习近平总书记的关怀和期望带给更多的青年。

2014年，留德学生在收到回信后，数万名在德留学生奔走相告，将回信传递至德国各地。在德学子们召开座谈会学习研讨、畅谈体会，向海外全体中国留学人员发出倡议书，号召大家响应习近平总书记回信精神，秉凌云宏伟之志报效祖国。

同年，习近平总书记给河北保定学院西部支教团的回信，使“扎根边疆、服务基层”时代精神在社会上得到弘扬，得到了广大高校青年积极响应。很多大学生毕业后都选择了留在西部支教，为祖国教育事业在边疆、在基层奉献青春。

2020年，习近平总书记给复旦大学《共产党宣言》展示馆党员志愿服务队的回信，在社会上引起了强烈的反响。广大青年认识到，传承和弘扬宣言精神是新时代青年义不容辞的责任与担当。

二、习近平总书记给高校青年回信的内容和特点

习近平总书记给高校青年的回信主题鲜明，中国梦是关键词之一。回信鼓舞高校青年勇担大任、奋发有为，希望高校青年具有国际视野，并回应高校青年关切的问题。其主要特点是，简短明了、亲笔署名，时宜性强、言之有物，折射思想、内涵丰富。

（一）内容丰富，主题鲜明

习近平总书记给高校青年的回信内容十分丰富，涵盖了高校青年群体关注的就业、志愿服务、创新创业、人类命运共同体等。每封回信都有鲜明的主题，富有显著的时代特征。

1. 中国梦是关键词之一

在新时代，以习近平同志为核心的党中央擘画了中华民族伟大复兴的中国梦，凝聚了中国人民砥砺前行的磅礴力量。中国梦需要全体中国人民的奋斗，更需要青年一代投身其中。在给高校青年16封回信中，有8封直接提到了中国梦，占50%。可见习近平总书记非常喜欢和高校青年探讨中国梦的话题。每封信对中国梦的诠释都有新意和时代感，具有很强的方向性和指导性。

习近平总书记在给北京大学考古文博学院2009级本科团支部的回信中写道:“中国梦是国家的梦、民族的梦，也是包括广大青年在内的每个中国人的梦。”这是党的十八大后，中国梦首次出现在给青年的回信中。习近平总书记在给华中农业大学“本禹志愿服务队”的回信中，以青年志愿

精神诠释中国梦，鼓励青年志愿者用实际行动为实现中国梦做出新的更大贡献。在给全体在德留学人员回信中，以13亿中国人民的共同梦想诠释中国梦，希望广大海外学子在中国人民实现中国梦的伟大奋斗中实现自身价值。在给河北保定学院支教毕业生群体代表回信中，以到基层和人民中去建功立业诠释中国梦，希望越来越多的青年在实现中国梦的伟大实践中书写别样精彩的人生。

习近平总书记通过回信与高校青年沟通这种方式，阐释中国梦的深刻内涵，并与中国国情和伟大实践紧密结合，激励高校青年为实现中国梦奉献智慧和力量。

2. 鼓舞高校青年勇担大任、奋发有为

时代呼唤担当，民族振兴是高校青年的责任。习近平总书记给高校青年的回信中寄予了他的深切期望，期望当代中国青年勇于担当大任。他给高校青年的回信，意在增强青年的责任感，激励他们自觉把自身需要与社会需求相统一，在奋斗中唱响青春主旋律，担当时代大任，成为引领时代的奋斗者。

习近平总书记给北京体育大学2016级研究生冠军班全体学生回信，希望他们为建设体育强国多做贡献，为社会传递更多正能量。在给世界大学气候变化联盟的学生代表回信中，他希望世界青年在生态文明建设上有所担当，共同保护人类的家园。

高校青年经过知识的学习积累，具有宽广的视野，综合素质较高，是党和人民事业发展的生力军，但要真正成为担当实现中国梦大任的时代新人，还要不断自我奋斗。习近平总书记给高校青年的一封封回信，鼓舞青年奋发有为，争当为中华民族谋复兴的奋进者。他给华中农业大学“本禹志愿服务队”的回信，鼓励青年奋发有为，发扬志愿精神，自觉担当社

会责任，做时代的弄潮儿。他不仅鼓舞本国的高校青年，还鼓舞来华留学生。他给南南合作与发展学院首届硕士毕业生的回信，鼓舞他们成为各自国家改革发展的领导者。他给高校青年富有哲理的回信，从思想和心灵上和青年深层次互动，鼓舞他们胸怀理想、志存高远，在为人民谋幸福的道路上勇往直前。

3. 希望高校青年具有国际视野

世界的未来属于年轻一代。青年是“民之亲”的重要基础。习近平总书记希望中国青年具有国际视野，共同与世界青年一起成为推进人类和平与发展崇高事业的强大力量。在他给高校青年的16封回信中，有5封和国际交流有关。他希望高校青年在国际舞台上讲好中国故事，推动不同文明交流互鉴，为世界的发展贡献智慧与力量。同时，他也希望世界各国的青年了解中国、热爱中国，共同和中国青年构建人类命运共同体。

让更多的中国高校青年“走出去”，讲好中国故事，传播好中国声音，是习近平总书记的期望。他给莫斯科大学中国留学生的回信，希望他们弘扬留学报国的光荣传统，把学到的本领奉献给祖国和人民，让青春之光闪耀在为梦想奋斗的道路上。把更多的国际青年“引进来”，培养“知华、友华、爱华、挺华”的国际友人，加强和中国青年的交流合作也是习近平总书记的期望。他给北京科技大学全体巴基斯坦留学生的回信，鼓励各国优秀青年多同中国青年交流，同世界各国青年一道，携手为促进民心相通、推动构建人类命运共同体贡献力量。

中国青年融入世界，世界青年与中国青年合作共赢，是中国梦实现的基础，也是世界发展的主流。习近平总书记给高校留学生回信，充分展现了党对培养青年国际视野的重视，为持续推进构建人类命运共同体奠定了基础。

4. 回应高校青年的热点关切

习近平总书记给高校青年的每封回信内容都有特定的主题，重在积极回应高校青年关切的热点问题。他一直非常关心高校毕业生就业工作，多次做出重要指示。2020年，新冠肺炎疫情的发生给高校毕业生就业带来了一定影响。习近平总书记给中国石油大学（北京）克拉玛依校区毕业生回信，回应了高校毕业生关注的就业问题。他希望全国广大高校毕业生把个人的理想追求融入党和国家事业之中，为党、为祖国、为人民多做贡献。同时，在回信中要求各级党委、政府和社会各界要采取有效措施，克服新冠肺炎疫情带来的不利影响，千方百计帮助高校毕业生就业。

（二）特点突出，彰显个性

习近平总书记以回信形式同广大高校青年交流互动，问学习、谈梦想、聊人生，形成了特有的书信特点，字里行间折射出他不同凡响的政治智慧、思想理念、格局胸怀。这些回信使高校青年感受到了真理的力量，增强了对习近平新时代中国特色社会主义思想的心理认同。其主要特点如下。

1. 简短明了、亲笔署名

书信一直是人与人之间思想交流的重要载体。在碎片化时代、秒杀时代，为了便于高校青年阅读，习近平总书记每封回信都言简意赅、寓意深远。目前公开报道的回信的分析结果表明，正文字数在200～500字，一般为两三个自然段，都是亲笔署名。他给河北保定学院西部支教毕业生群体代表的回信，正文共369字、3段；给复旦大学《共产党宣言》展示馆党员志愿服务队的回信，正文共291字、2段。回信开门见山，直奔主题，言简意赅，既突出了重点，又适合和便于广大高校青年阅读。

2. 言之有物、时宜性强

习近平总书记给高校青年的回信语言朴实，言之有物，没有官话、套话。回信发出的时间经常在五四青年节、大学毕业季、党的生日等重要时间节点来临之际，具有很强的时宜性，报道后产生了良好的社会效果。在2014年五四青年节前夕，习近平总书记给河北保定学院西部支教毕业生群体代表回信，鼓励大学生到基层、到祖国最需要的地方去，成为送给高校青年最好的节日寄语。此后，一批批优秀大学毕业生加入西部支教群体，扎根基层，书写别样青春。

在新冠肺炎疫情防控期间，习近平主席给北京科技大学全体巴基斯坦留学生的回信，体现了他对外国留学生的关心，也向全世界说明了不管是中国人还是在华外国人员，中国政府和中国人民都一视同仁予以关心和爱护的理念。在这重要时间的节点给巴基斯坦在华留学生回信，向世界青年展示了大国担当，用实际行动践行了构建人类命运共同体的使命。

3. 折射思想、内涵丰富

习近平总书记给高校青年的回信不只是一种礼节，也不是简单的例行公事，而是他深邃的青年思想的深切表达。回信的字里行间内涵丰富、充满哲理。他把在日常工作、学习和生活中对人、对事、对物的所思所想所感进行升华，通过书信形式传播给广大高校青年。

2012年11月29日正式提出中国梦后不久，2013年五四青年节前夕，习近平总书记给北京大学考古文博学院2009级本科团支部回信，强调了当代青年在实现中华民族伟大复兴中国梦中的历史责任，勉励青年人“得其大者可以兼其小”，折射了青年人要有远大志向的思想。他给第三届中国“互联网+”大学生创新创业大赛“青年红色筑梦之旅”大学生回信时，引用了“艰难困苦，玉汝于成”，以折射艰苦奋斗的思想。该句由北宋张载所著《西铭》中的“贫贱忧戚，庸玉汝于成也”演变而来，喻指要成就一番功业，须经过艰难困苦的磨炼。

三、习近平总书记给高校青年回信的意义和价值

习近平总书记给高校青年的回信，具有十分重要的意义和深刻的价值底蕴。回信传递了执政理念，为高校青年成长指引方向，对他们表达关心和爱护，为他们树立了新榜样、开拓了新视野、阐释了新理论。

（一）意义重大

1. 向青年传递执政理念

青年有所呼，我们党有所应。作为党和国家领导人，习近平总书记给高校青年的回信传递了其执政理念，具有鲜明的导向意义。他和高校青年的书信往来，既是一种重要的收集信息、了解青年的途径，也是一种有效的互动方式。通过信件往来，他深入了解青年的想法，对他们的需求进行及时回应，把治国理念传递给青年，拉近了领袖与高校青年间的距离。

习近平主席提出了构建人类命运共同体的重要思想，得到了国际社会的广泛认同和支持，为国际青年之间的交流指明了方向。他给中国工合国际委员会、北京培黎职业学院的回信和给北京科技大学全体巴基斯坦留学生的回信，向青年阐释了构建人类命运共同体的思想，努力使其执政理念深入广大高校青年的内心。

2. 为青年成长指引方向

习近平总书记指出，青年一代有理想、有本领、有担当，国家就有前途，民族就有希望。高校青年在社会中具有一定的引领性，对其他青年影

响力较大。因此，高校青年必须要有理想，这样才能引领更多的青年为党和国家的事业共同奋斗，实现人生梦想。

习近平总书记给高校青年回信，为高校青年点亮理想之灯，指引他们自觉把个人的理想追求融入国家和民族的事业中。他给第三届中国“互联网+”大学生创新创业大赛“青年红色筑梦之旅”的大学生回信，勉励他们要创新创业，为社会贡献智慧。在给北京大学首钢医院实习的西藏大学医学院学生回信中，勉励他们以仁心仁术造福人民特别是基层群众。这些回信为青年成长指明了方向，寄语青年要有担当和作为，把个人的理想融入国家的建设中。在首钢医院实习的西藏大学医学院学生谢煜靖说道：“总书记的回信让我们更加坚定了学医的初心，为我们指明了努力的方向。”

3. 对青年表达关心爱护

关心青年就是重视未来。习近平总书记给高校青年回信，表达了他对高校青年来信的重视，表达了党和政府对高校青年的爱护。这种关心体现在对青年践行中国梦的肯定，对他们继承和弘扬“五四”精神的赞赏，对他们把智慧和力量凝聚到实现中华民族伟大复兴的宏伟目标上来的支持和激励。

2017年12月30日，习近平总书记给莫斯科大学中国留学生的回信，希望他们早日成长为可堪大任的优秀人才，表达了对海外留学生成长的关心。2020年3月16日，在新冠肺炎疫情防控过程中，习近平总书记给北京大学援鄂医疗队全体“90后”党员回信，向他们和奋斗在疫情防控各条战线上的广大青年致以诚挚的问候。这些回信充分体现了习近平总书记对青年的关心，体现了党和国家对青年的关心。

（二）价值深厚

1. 为广大青年树立新榜样

伟大时代呼唤伟大精神，崇高事业需要榜样引领。习近平总书记强调：“中华民族伟大复兴的中国梦终将在一代代青年的接力奋斗中变为现实。”①这就需要更多的青年榜样来引领青年不断奋斗。他选择回信的高校青年群体都具有一定的代表性，他们可歌可泣的事迹感人至深。在给南开大学8名新入伍大学生的回信中，习近平总书记赞扬同学们为广大有志青年树立了新的榜样。河北保定学院支教毕业生前往西部支教的事迹感召广大青年在基层中大有作为，南开大学应征入伍的8名大学生的事迹激励广大青年投身国防建设……习近平总书记通过回信的形式，肯定并鼓舞了一批高校青年学习的榜样。

2. 为青年理想信念开拓新境界

马克思指出，一个时代的精神，是青年代表的精神；一个时代的性格，是青年代表的性格。习近平总书记把引领青年理想信念放在全局中审视，不断丰富和发展马克思主义青年观，以回信等形式和高校青年沟通交流。他的回信蕴含了当代中国青年坚定理想信念的重要性，为青年理想信念开拓了新境界。

习近平总书记指出：“青年时代树立正确的理想、坚定的信念十分紧要，不仅要树立，而且要在心中扎根，一辈子都能坚持为之奋斗。”②他给全体在德留学人员回信，希望留学生把信念付诸行动，报效祖国和人民。

---

①习近平：《决胜全面建成小康社会 夺取新时代中国特色社会主义伟大胜利》，《人民日报》2017年10月28日。

②中共中央文献研究室编：《习近平关于青少年和共青团工作论述摘编》，中央文献出版社2017年版，第23页。

2020年6月30日，党的生日前夕，习近平总书记给复旦大学《共产党宣言》展示馆党员志愿服务队全体同志的回信具有鲜明的时代性，对引领广大青年在学思践悟中坚定理想信念具有重要作用。

3. 为青年工作提供新理论

习近平总书记高度重视青年工作，通过给高校青年回信提出了一系列关于青年工作的重要理论。这些重要理论作为习近平新时代中国特色社会主义思想重要组成部分，内涵丰富，从人类社会发展规律出发，站在社会时代前沿，对青年如何成长成才、青年如何担当使命、如何教育引领青年等问题做出了科学回答。习近平总书记的回信充满辩证唯物主义和历史唯物主义的思想，为青年工作提供了新的理论支撑。

从2013年至今，习近平总书记先后给华中农业大学“本禹志愿服务队”、河北保定学院西部支教毕业生群体代表等回信，勉励他们在基层实践中增长才干，担当青年责任，体现了他在基层实践中培养青年、锻炼青年的思想。青年是未来的领导者和建设者。在人类命运共同体的当下，青年必将更为深刻地影响人类文明的进程与走势。他在给北京培黎职业学院、北京科技大学全体巴基斯坦留学生的回信中，都提到了人类命运共同体的建设，希望世界各国青年为推动构建人类命运共同体贡献力量。

四、习近平总书记给高校青年回信的启示和思考

习近平总书记给高校青年的回信，为在新时代进一步做好立德树人和大学生思想政治工作提供了范例，带给我们许多思考和启示。

（一）永远把青年工作放在重要位置

习近平总书记指出："代表广大青年、赢得广大青年，依靠广大青年，是我们党不断从胜利走向胜利的重要保证。"①重视青年工作，才能做好各项工作。高校青年的成长关系到培养什么人、为谁培养人、怎么培养人的大问题，重视、关心他们尤为重要。习近平总书记公务繁忙、要事缠身，但仍能挤出时间和高校青年联系。通过一封封回信，他将对青年的重视和关心落到了行动上。这为各级干部和思想政治工作者树立了榜样，给我们做好各项工作提供了根本遵循，警示各级领导干部都要把青年工作摆在重要位置来抓，把关心、爱护、重视青年落到实处。

青年处在人生前进阶段，往往面临着许多人生课题。同时，复杂的社会现实生活，又经常让他们难以应付，各种困难时常困扰着他们。因此必须给予他们必要的指导和帮助。各级领导干部、高校管理者和思政工作者，一定要不断提高服务青年的本领，加强对青年成长过程中的思想引领，成为青年的引路人；对青年成长过程中的各种需求要予以帮助解决，成为青年的知心人；悉心倾听青年的心声，回应他们的关切，成为帮助青年的热心人。

（二）与青年保持最密切的联系

马克思指出："人数空前众多的年轻人汇集在我们的旗帜之下，那些支配着我们的思想目前比以往任何时候都得到更广泛的发展。"②习近平总

①中共中央文献研究室编：《习近平关于青少年和共青团工作论述摘编》，中央文献出版社 2017 年版，第 3 页。

②《马克思恩格斯全集》第 2 卷，人民出版社 2005 年版，第 331 页。

书记以回信的方式和青年保持密切联系，做广大青年的知心朋友，给我们做好青年工作带了好头。青年工作者们应认真学习习近平新时代青年思想，采取多种切实可行的方式，与广大青年保持最密切的联系，做广大青年的良师益友。

党员领导干部要多联系青年、多走近青年。既做到“身入”，又做到“心入”。要为青年做实事、解难事、办好事。有的人脱离青年，对青年事务“拍脑袋”进行决策的情形时有发生，在青年中产生了不良影响。要密切联系青年进而引导青年，花更多的精力思考如何真正凝聚青年。习近平总书记坚持给高校青年回信，启示我们在密切联系青年中要制度化、常态化。要有相应的制度和政策作保证，建立必要的考核评价体系。

（三）融合多种方式推动青年工作

习近平总书记采取传统的书信方式和高校青年互动，收到了显著的效果，成为传统媒体和新媒体融合的典型范例。新媒体作为新型传播媒体，具有传输快捷、交互性强、覆盖面广、形式多元的特性，是高校青年普遍使用的媒介。习近平总书记用传统的书信方式与青年联系，经过新媒体的二次传播，给书信内容插上了翅膀，把他的关怀和期望带给每一位青年，引起了巨大的反响。2014年，习近平总书记给河北保定学院西部支教毕业生群体代表的回信，至今还在互联网上被讨论和学习。2020年，他给中国石油大学（北京）克拉玛依校区毕业生的回信内容，在微信、微博、B站、短视频等新媒体平台上被广泛传播，形成了广大青年积极讨论的现象级热点。

做好青年工作，既需要与时俱进，采取与全媒体时代相适应的新的传播方式和互动方式，又需要重视发扬我们党密切联系群众的优良传统，避免走两个极端。当前，一些人对思想政治工作优良传统的重要性认识不足，甚至排斥，一味地依赖微信朋友圈与青年学生联系，出现了一些偏差，应该引以为戒。在新时代，各级领导干部、高校管理者、思想政治工作者要接近青年、了解青年，不仅要充分利用新媒体交流互动方式，还要注重发挥传统思想政治工作方式方法的优势。党员领导干部既要学会利用各种新媒体平台与青年人沟通交流，也要发扬我们党密切联系群众的光荣传统，积极采取促膝谈心、书信往来、走访慰问等传统方式，做好广大青年深层次的思想政治工作。

交流互动：拉近与国外高校大学生的距离

党的十八大以来，习近平总书记十分注重与国外高校大学生的交流互动。这些交流互动产生了积极影响，不但具有十分深远的意义、重要的多重价值，还给在新时代面向世界讲好中国故事、进一步做好大学生国际交流工作、更好地发挥大学生在构建国际合作新格局中的作用以深刻的启示。

一、习近平主席与国外高校大学生交流互动的近况分析

党的十八大以来，习近平主席十分注重与国外高校大学生的交流互动。在出访活动中，他与当地高校大学生的交流互动是非常有特色的重要环节，在高校学生中产生了积极影响，在对外交流中发挥了重要的作用。

（一）主题明确，寓意深远

习近平主席每次与国外高校大学生的交流互动，都主题明确、富有深意。交流互动的主题主要包括中国梦、人类命运共同体、友谊、科技、教育、文化、艺术、环境等，其中贯穿了以合作共赢为核心的新型国际关系等重要主张。

为了影响有影响力的人，2013年3月23日，习近平主席在被誉为“外

交官的摇篮”莫斯科国际关系学院发表了《顺应时代前进潮流促进世界和平发展》的重要演讲，期待越来越多的中俄青年接过中俄友谊的接力棒；为了教育交流，2013年3月30日，他出席了刚果恩古瓦比大学图书馆启用和中国馆揭牌仪式，希望让更多的大学生享受到现代化的教育；为了加强中哈青年交流，2013年9月7日，他在哈萨克斯坦纳扎尔巴耶夫大学发表了《弘扬人民友谊共创美好未来》的重要演讲，倡议中国与中亚各国创新合作模式；为了重温中法重要交流历史，2014年3月26日，他参观法国里昂中法大学旧址，希望青年人传承中法友好精神；2014年4月1日，他在比利时布鲁日欧洲学院发表重要演讲，提出“中国的未来属于年轻一代，欧洲的未来属于年轻一代，世界的未来属于年轻一代”的重要论述；2014年7月4日，他在韩国国立首尔大学发表了《共创中韩合作美好未来 同襄亚洲振兴繁荣伟业》的重要演讲，阐释了“青年是中韩两国的未来，也是亚洲的未来”的观点；为了促进中英两国青年的艺术和科技交流，2015年10月，他先后参观了王子传统艺术学院、帝国理工学院、曼彻斯特大学，希望大学生为中英两国共同繁荣做出自己的贡献；为了携手开创全方位合作新局面，2015年11月7日，他在新加坡国立大学发表了《深化合作伙伴关系 共建亚洲美好家园》的重要演讲，期望中新青年互学互鉴，增进友谊，成为中新关系发展的生力军；为了推动开展南南合作，2017年10月11日，他给南南合作与发展学院首届硕士毕业生回信，希望他们同中国友好合作翻开新篇章，成为全球南南合作的践行者；2020年1月6日，他给世界大学气候变化联盟的学生代表回信，期待大学生为呵护好全人类共同的地球家园积极作为；为了体现对在华外国留学生生命安全和身体健康的关心，2020年5月17日，他给北京科技大学全体巴基斯坦留学生回信，携手为促进民心相通、推动构建人类命运共同体贡献力量。

（二）沟通有效，反响积极

据公开报道，截至目前，习近平主席和国外高校大学生交流互动13次。其中，2015年次数最多，涉及4所高校。他以演讲、参观交流、致辞、出席、访问、回信等形式，与国外高校大学生谈人生、话友谊、聊未来，其热情诚恳、风趣幽默并富有哲理的话语赢得了参与交流互动者的认同和喜爱，并在国际社会引起积极反响。

从交流互动的形式看，演讲占比较高。2013年、2014年、2015年共在4所高校进行了演讲，占30.8%。从交流互动的对象看，这些高校都与中国有着密切的关联。例如，里昂中法大学旧址是许多新中国建设的领军人物的求学之地。刚果恩古瓦比大学图书馆是由中国政府援建。

通过交流互动，拉近了世界大学生与中国的距离，向世界宣示了中国理念，阐述了构建人类命运共同体的主张，勾画了世界和平发展的蓝图。

习近平主席与国外高校大学生的交流互动引起了当地政府、学者、民众及媒体的广泛反响，得到了高度评价。这既证明他与各国大学生交流互动的努力得到了广泛认同，也佐证了大学生在国际交流中的重要作用。

在莫斯科国际关系学院演讲时提出的“鞋子合不合脚，自己穿了才知道”的“鞋子”理念引起了学生热烈的讨论，大家认为很有新意。在韩国国立首尔大学的演讲，韩国民众认为是一场充满希望的演讲。韩中经济协会会长具天书说，习近平主席将中国人民的想法准确地传达给了韩国的年轻人与学生们。在新加坡国立大学的演讲更是不同凡响，新加坡国立大学李光耀公共政策学院副教授顾清扬认为，习近平主席的演讲再次展示了中国外交的新姿态，即中国愿与周边国家、亚洲及世界各国一道共谋发展。

二、习近平主席与国外高校大学生交流互动的深远意义

习近平主席与国外高校大学生的交流互动，对于讲好中国故事、面向世界阐释人类命运共同体理念、展示中国国家形象、帮助国外大学生了解真实的中国等，都具有十分深远的意义。

（一）有利于推动构建人类命运共同体

青年学生是世界的未来。高校大学生是决定未来的力量，是引领青年的关键力量，是推动国家间交流合作的重要力量。加强与国外高校大学生的交流互动，有助于民相亲。加强与国外高校大学生深层次交流互动，是时代发展的需要，有利于推动构建人类命运共同体。

习近平主席在出访活动中，多次走进国外高校与大学生就国际关系、世界未来发展问题进行探讨和交流，使国外高校大学生近距离接触和了解中国领袖，为两国高校青年在思想、情感上的相通奠定基础。上任之初首访俄罗斯之际，他就到莫斯科国际关系学院演讲，引经据典，和大学生畅谈中俄友谊。他在演讲时指出，青年是“友好事业的未来”，期待俄罗斯青年积极投身两国人民友好事业。他在哈萨克斯坦纳扎尔巴耶夫大学发表演讲时强调“青年是人民友谊的生力军”，并与学生们分享了中哈两国人民交往中两个感人故事。

习近平主席在与国外高校大学生交流互动中以构建人类命运共同体为主题，摆事实、讲道理，阐述世界各国相处之道，强调文明交流互鉴的意义，传递积极友好信息，希望大学生共同推动世界的和平、发展、合作，让大家一起过上好日子。他的思想主张、理念精神及务实的态度，在国外

高校大学生中产生了热烈反响。

因文化差异等因素，在国与国之间的交流合作中难免会出现一些不理解和隔阂的情况。习近平主席与国外高校大学生的深层次交流互动，进一步增加了他与国外高校大学生之间的理解与信任，进一步深化了国与国之间、民族与民族之间的深厚友谊，促进了相互间的人文交流，促进了中国同其他国家人民的相互了解和理解。

（二）有利于使中国国家形象深入人心

在全球化时代，树立良好的国家形象，更能得到国际社会的信任与支持。以习近平同志为核心的党中央高度重视国家形象的建设，并做出了一系列重要工作部署。随着中国不断参与全球治理，国际影响力持续增强，负责任的东方大国形象逐步得到国际社会的认可。国外高校大学生是社会的精英，对他们展示和传播好新时代中国的国家形象意义深远。

习近平主席在与国外高校大学生交流互动中，彰显出中国的责任、担当和自信，是对中国形象的最好诠释。在比利时布鲁日欧洲学院演讲时，他说中国是有着悠久文明的国家，强调无论国际风云如何变幻，中国始终支持欧洲一体化进程，始终支持一个团结、稳定、繁荣的欧盟在国际事务中发挥更大作用。在韩国国立首尔大学演讲时，他强调中国将始终做维护和平的国家、促进合作的国家、虚心学习的国家。

从一定意义上说，国家领导人的形象代表了一个国家的形象。习近平主席以丰富的人生阅历，运用生动活泼的语言叙事说理，真诚坦率、娓娓道来，与国外高校大学生交流互动，努力使新时代中国国家形象深入国外高校大学生内心。

（三）有利于国外高校大学生了解中国

随着国际格局深刻变化及中国保持经济持续健康发展的现状，国际社会对中国的关注程度明显提高。中国在国际事务中发挥更大作用，提出中国方案和展现中国智慧的同时，也让某些国家的有些人产生了疑虑。这就需要建立更多的渠道让更多的人和国家来了解真实的中国。国外高校大学生将在今后的国际事务中发挥更大的作用，通过多种方式让他们了解真实的中国有着十分重大的意义。

中国梦与各国人民追求和平与发展的美好梦想是相通的。习近平主席与国外高校大学生的交流互动中，精要地介绍中国情况，希望世界更多的大学生更加了解中国。在比利时布鲁日欧洲学院演讲时，他回顾了中国苦难的历史，阐释了新的发展理念，希望学院能够培养出大批了解中国和理解中国的人才。为了让更多的人享受到世界文明成果，中国政府为刚果恩古瓦比大学援建了一座现代化的图书馆并设立了中国馆。这为刚果大学生等青年朋友们了解中国文化提供了更加便捷的途径。

三、习近平主席与国外高校大学生交流互动的重要价值

习近平主席与国外高校大学生的交流互动，既为丰富了构建人类命运共同体的思想，又为新时代国际青年交流工作、国家之间的人文交流提供了示范、指引了方向，具有多重重要的价值。

（一）为构建人类命运共同体提供新理论

马克思指出：“人的本质是人的真正的共同体。”人类命运共同体揭示

了国家之间、人与人之间的新关系，深刻回答了世界和平与发展的重大问题。习近平主席在与国外高校大学生的交流互动中贯穿了人类命运共同体的思想和理念。

世界各国大学生是构建人类命运共同体的生命力所在。习近平主席在与国外高校大学生交流互动中，以大智慧、大思维、大战略提出了构建人类命运共同体要依靠青年大学生的新理论。

人类生活在同一个地球村里。习近平主席在俄罗斯莫斯科国际关系学院演讲时，向大学生深刻阐释了你中有我、我中有你的人类命运共同体的深刻内涵。在哈萨克斯坦纳扎尔巴耶夫大学演讲时，他首次提出了共同建设“丝绸之路经济带”的倡议。在比利时布鲁日欧洲学院演讲时，他希望中欧双方的同学们用平等、尊重、爱心来看待这个世界，用欣赏、包容、互鉴的态度来看待世界上的不同文明。在给世界大学气候变化联盟的学生代表回信中，他明确表示，中国主动承担应对气候变化的国际责任，同世界各国一道，努力呵护好全人类共同的地球家园。

人类命运共同体思想继承和弘扬了《联合国宪章》的宗旨和原则，共商、共建、共享是其深刻内涵。习近平主席站在全球治理体系大局的高度，站在世界前途和青年未来的高度，积极与国外高校大学生交流互动，深刻说明了构建人类命运共同体，有利于世界各国建立互通互联的“朋友圈”，有利于国际青年发挥更大的作用。

（二）为国际青年交流工作示范了新方式

青年是人民友谊的生力军。在国家之间的交流合作中，青年人之间的交流合作是重要的组成部分。只有青年人增进对彼此的了解与信任，消除隔阂，国民之间才会更加相互了解与信任，世界的发展才会更加美好。因此，做好国际青年交流工作非常重要。

习近平主席指出：“大道至简，实干为要。”[①]做好国际青年交流工作关键在行动。在繁忙的国际访问行程中，习近平主席总是尽可能安排时间与当事国的青年交流互动，反映了他务实的态度及与青年交流的行动力。

国际青年交流工作不仅要灵活、务实，更要有行动力。习近平主席通过与国外高校大学生交流互动，给国际青年交流工作提供了讲好中国和各国友谊故事的新方式。

习近平主席与国外高校大学生交流互动都是以演讲、回信等青年人喜闻乐见的方式进行的，具有较大的灵活性。这不仅拉近了彼此之间的距离，还强化了心与心的沟通，让国外高校大学生感到了中国领导人平易近人的人格魅力。他在与大学生交流互动中善于讲故事，把要表达的理念和思想通过讲故事的形式深入青年人的内心，赢得了广泛的赞誉。他讲冼星海在阿拉木图创作音乐的故事、哈萨克斯坦留学生鲁斯兰捐献“熊猫血”的故事、青年人跨国恋的故事……这些故事都打动了大学生们的心。

（三）为国家之间人文交流指引了新方向

国之交在于民相亲，民相亲在于心相通。人文交流使世界文明互鉴，推动了世界的发展。从历史上来看，中国以及古希腊等国家都非常重视人文交流，视为国与国关系的重要纽带。近年来，人文交流已成为世界各国外交的重要组成部分。

面对人文交流日新月异的发展，在以习近平同志为核心的党中央坚强领导下，我国更加注重讲好中国故事，传播好中国声音，广交天下朋友，

①习近平：《共建创新包容的开放型世界经济》，《人民日报》2018年11月6日。

与朋友分享成果，开创了一条具有鲜明中国特色的人文交流之路。青年是人文交流的主力军，各国大学生是人文交流的先锋队。习近平主席在与国外高校大学生交流互动中，十分重视人文交流。

习近平主席在俄罗斯莫斯科国际关系学院演讲时，多次引用俄罗斯和中国的名人名言和民间谚语。如俄罗斯谚语“大船必能远航”，中国古诗“长风破浪会有时，直挂云帆济沧海”，表明中俄关系一定能够继续乘风破浪、扬帆远航；在比利时布鲁日欧洲学院演讲时，用茶文化和酒文化来说明中国的“和而不同”和欧盟的“多元一体”都是兼容并蓄的；在新加坡国立大学演讲时，表达了“和”“合”的传统理念；参观英国王子传统艺术学院时，与学生一起喝英国传统的下午茶并交流传统艺术。

习近平主席与国外高校大学生的交流互动以文化为载体，以人为本，既展示中华优秀传统文化又展示国外文化，使多元文化在创造性转化中融合发展，丰富了国际人文交流的内涵，为国家之间人文交流提供了以中华优秀传统文化和国外文化相结合阐述理念的新方向。

四、习近平主席与国外高校大学生交流互动的深刻启示

如何在新时代做好大学生国际交流工作？如何在构建国际合作新格局中注重发挥大学生的作用？如何进一步增强中国大学生的全球胜任力？在习近平主席与国外高校大学生交流互动中，我们可以得到深刻的启示。

（一）积极用中华优秀传统文化引领世界大学生

“中华优秀传统文化是中华民族的精神命脉，是涵养社会主义核心

价值观的重要源泉，也是我们在世界文化激荡中站稳脚跟的坚实根基。”①习近平主席把中华优秀传统文化运用到与国外高校大学生的交流互动中，滋润了国外青年的心田，产生了感召力。他在新加坡国立大学演讲时阐释了中国“和”的传统文化，加深了国外高校大学生对中国历史文化的了解，增进了友谊。

通过梳理习近平主席与国外高校大学生交流互动的内容发现，其中涉及了孔子和老子等中国古代思想家、《三国演义》和《水浒传》等中国文学作品、“天行健，君子以自强不息”“明知山有虎，偏向虎山行”“图难于其易，为大于其细。天下难事，必作于易；天下大事，必作于细”“单丝不线，孤掌难鸣”等中国古代名言……通过这些充满历史底蕴的人物、名著、名言，习近平主席在与国外高校大学生交流互动中，时时处处展现了中华优秀传统文化的精华和智慧。

通过传播中华优秀文化，向世界各国展现真实、全面的中国，从而促进世界文化的交流与融合。这就给了我们一个重要启示，传播中华优秀传统文化，讲好中国故事，更能得到国际青年的文化心理认同，更能引领世界大学生。因此，在积极与国外高校大学生群体交流沟通中，一定要多形式、多方式地运用中华优秀传统文化，培养更多“知华、友华、爱华、挺华”的国际友好人士。

（二）抓住大学生这一关键少数构建国际合作新格局

大学生是建设世界的中坚力量，是国际事务的参与者、奉献者，是国家之间关系发展的生力军。作为社会精英的国外高校大学生，他们在本国

---

①中共中央文献研究室编：《习近平关于青少年和共青团工作论述摘编》，中央文献出版社2017年版，第167页。

有更多的软实力、更多的影响力、更多的号召力，能够把合作共赢、和平发展的理念分享给更多的青年。习近平主席在国际访问中积极和大学生们交流互动，与其分享中国理念、中国智慧、中国方案并进行探讨，有利于国际合作新格局的构建。

众所周知，大学生是青年群体的佼佼者。他们知识丰富、视野开阔，接受新鲜事物快，在未来都是国家的栋梁，会在各个岗位上发挥重要的作用。比如，比利时布鲁日欧洲学院的学生几乎都是欧盟未来的政治家。习近平主席在这一关键性群体求学时期进行交流互动，更能加深彼此的理解与信任，建立深厚的友谊，对构建宽领域、多层次、全方位世界合作新格局有很大的裨益。

为了加强国际间的交流与合作，一定要抓住国外高校大学生这一关键少数，运用大的智慧和大的作为，把讲信修睦、协和万邦是中国外交基本内涵的理念，把我国治国理政的宏大事业、人民为实现中国梦想而奋斗的精神分享给国外高校大学生，帮助他们产生认同感，从而使更多的青年了解中国、懂得中国、爱上中国、助力中国。

（三）进一步增强中国大学生的全球胜任力

遥想历史，中国青年推动了世界文明进步。公元前119年张骞第二次出使西域，公元1405年郑和第一次下西洋……1921年周恩来、邓小平、陈毅等一批中国青年前往里昂中法大学（旧址）求学，留下了中法友谊的佳话。在构建人类命运共同体的当下，中国青年与世界各国青年之间对话与交往，为中国发声，为世界发声，彰显了中国青年的责任与担当。

习近平主席非常重视中国青年的国际交往，充分肯定青年交流在推动构建人类命运共同体中的积极作用。习近平主席在与国外高校大学生交流互动中，对中国青年和世界青年的交流合作充满了殷切期望，希望中国青年有更大的国际担当。在参观帝国理工学院和曼彻斯特大学后，他希望中国大学生能和这两所高校多交流合作。在新加坡国立大学演讲时，他希望中新两国青年发扬“不患人之不己知，患不知人也”的精神，互学互鉴，增进友谊。

交流互动更能产生和碰撞出思想的火花。当今是全球化的时代，国家之间的交流、对话与互鉴日益增多。大学生在其中发挥作用的力量举足轻重。这启示我们，在国际外交事务中要搭建多平台开拓多渠道，让更多的中国大学生“走出去”，让他们有机会到世界各国开拓视野，使他们加深对世界的认识；在国际事务中发出中国青年声音，增强全球胜任力。近年来，我国大学生在能力和水平上有很好的提升，但在创新意识、独立思考等方面还有所欠缺，全球胜任力还有待进一步提升。

要认真领会习近平主席与国外高校大学生交流互动的意义和价值，从中得到更多的启发，引导和帮助中国大学生扩大国际视野，尊重时代规律，在科技、文化、环境等领域不断创新，提高综合素养，增强全球胜任力，为人类文明的发展进步做出应有的贡献。

温暖的故事让世界人民心相通

故事最容易打动人。习近平主席是“讲好中国故事”的提倡者和践行者，他善于用讲故事、举事例、摆事实的方式与国际社会同频共振、凝聚共识。党的十八大以来，在出访公开演讲中，习近平主席讲述了许多个朴实而有温度的故事，得到了国际社会的认可，拉近了中外民众的心理距离，扩大了中华文化的影响力，使中国故事温暖了整个世界。

一、讲述人民友谊的温暖故事

2013年9月7日，习近平主席在哈萨克斯坦纳扎尔巴耶夫大学发表演讲时，讲述了有着“熊猫血”的哈萨克斯坦留学生鲁斯兰在中国读书期间无偿献血的故事。还讲述了中哈母子历经半个世纪寻找终于重逢的故事，故事的主人公是祖籍四川的退休职工黎远康与远在阿拉木图的母亲瓦莲金娜。

2014年3月28日，习近平主席在德国演讲时，讲述了葡萄专家诺博无偿向山东农民传授葡萄栽培、嫁接改优技术的故事。

2014年11月17日，习近平主席在澳大利亚演讲时，讲述了一位致力于中澳友谊的普通教授。他说：“马克林教授60多次访华，在亲历中国发展进步的同时，孜孜不倦向澳大利亚和世界介绍中国的真实情况。特别值得一提的是，马克林教授的儿子斯蒂芬是中华人民共和国成立以来在中国出生的第一个澳大利亚公民。”①

2014年7月4日，习近平主席在韩国国立首尔大学发表演讲《共创中韩合作未来同襄亚洲振兴繁荣》时，讲述了中国志愿者为韩国患者捐献骨髓的故事。2008年，中国骨髓捐献志愿者张宝与韩国患者配型成功后遭遇了车祸，但他住院治疗康复后，继续为这位韩国患者捐献了骨髓。这位中国志愿者说：“人生祸福难料，人家现在大难临头了，帮点忙真不算什么。”截至演讲时，中国志愿者共进行跨国捐献骨髓156例，其中为韩国患者捐献骨髓45例，远远超过其他国家。

2015年11月7日，习近平主席在新加坡国立大学发表题为《深化合作伙伴关系　共建亚洲美好家园》的重要演讲时说，中新友好合作事业需要青年一代传承发扬，两国友谊的接力棒需要两国年轻一代接过来、跑下去。2015年7月，几名新加坡“90后”大学生参加了2015年度“看中国·外国青年影像计划”，他们来到中国西北，用镜头记录现代中国，通过秦腔、兰州牛肉面、羊皮筏子等元素了解和传递中华文化。从中国来到新加坡国立大学深造的两名大学生，则用一年时间拍摄了50个新加坡当地人物的梦想故事。

习近平主席在演讲中讲述两国人民友谊温暖故事，讲普通人的故事，讲具体的故事，讲真实的故事，加强了各国人民在文化方面的沟通，给人亲近感。

---

①习近平：《携手追寻中澳发展梦想　并肩实现地区繁荣稳定》，《人民日报》2014年11月18日。

二、讲述人民相亲的温暖故事

2013年3月23日，习近平主席在俄罗斯莫科斯国际关系学院发表演讲时，讲述了中俄人民相亲的故事。抗日战争时期，苏联飞行大队长库里申科来华同中国人民并肩作战，他动情地说："我像体验我的祖国的灾难一样，体验着中国劳动人民正在遭受的灾难。"他英勇牺牲在中国大地上。中国人民没有忘记这位英雄，一对普通的中国母子已为他守陵半个多世纪。

2013年10月3日，习近平主席在印度尼西亚国会演讲时，讲述了在2004年海啸发生后，在中国从工厂到机场，救援物资一路绿灯，一架架飞机满载着中国人民的爱心飞往亚齐等灾区的故事。还讲述了在中国人民遇到严重自然灾害时，印尼人民也向中国人民伸出了援助之手，印尼医疗队队员在回国前把身上所有钱物全部捐给了灾区的故事。

2014年3月28日，习近平主席在柏林发表演讲时，讲述了中德人民相亲的故事。他提到，80多年前，日本军国主义侵入中国南京市，制造了屠杀30多万中国军民的惨绝人寰的血案。在那个危急关头，德国友人拉贝联络了其他十几位在华外国人士，设立了"南京安全区"，为20多万中国人提供了栖身之所。拉贝的日记中详细记录了大屠杀的内情，成为研究这段历史的重要证据。

习近平主席在演讲中利用历史、现实、人物、小故事传递友谊，讲述国家之间人民互相帮助的故事，有利于宣传中国的外交立场，增进了中国和世界人民的感情，给人亲切感。

三、讲述人民相爱的温暖故事

2013年3月25日，习近平主席在坦桑尼亚首都达累斯萨拉姆的尼雷尔国际会议中心发表演讲时说：“我听说了一个故事，有一对中国年轻人，他们从小就通过电视节目认识了非洲，对非洲充满了向往。后来他们结婚了，把蜜月旅行目的地选在了坦桑尼亚。在婚后的第一个情人节，他们背上行囊来到了坦桑尼亚，领略了这里的风土人情和塞伦盖蒂草原的壮美。回国后，他们把在坦桑尼亚的所见所闻发布在博客上，得到了数万次的点击和数百条回复。他们说，我们真的爱上了非洲，我们的心从此再也离不开这片神奇的土地。”[①]

习近平主席在演讲中妙趣横生讲好世界人民相爱的温暖故事，让人产生共鸣，展现了中国人民与世界人民真挚的感情，让世界对这个东方大国有更全面和更深刻的了解，给人亲情感。

四、讲述人民文化的温暖故事

2014年7月16日，习近平主席在巴西国会发表题为《弘扬传统友好　共谱合作新篇》的演讲时说：“中国和巴西远隔重洋，但浩瀚的太平洋没能阻止两国人民友好交往的进程。200年前，首批中国茶农就跨越千山万水来到巴西种茶授艺。”[②]

2014年9月18日，习近平主席在印度世界事务委员会发表演讲时说，

①习近平：《永远做可靠朋友和真诚伙伴》，《人民日报》2013年3月26日。

②习近平：《弘扬传统友好　共谱合作新篇》，《人民日报》2014年7月18日。

90年前，中国人民喜爱的印度伟大诗人泰戈尔访问了中国，受到中国人民热烈欢迎。一踏上中国的土地，泰戈尔就说：“我不知道什么缘故，到中国就像回到故乡一样。”在离开中国时，他伤感地说：“我的心留在这里了。”

2014年11月17日，习近平主席在澳大利亚议会大厦演讲中，讲述了一则澳大利亚孩子给他写信的故事。“来之前不久，我和夫人收到了塔斯马尼亚州斯科奇－欧克伯恩学校16名可爱的小学生的来信，他们在信中描绘了那里的独特物产和美丽风光，特别提到了塔胡恩空中栈道、大峡谷，当然还有‘塔斯马尼亚恶魔’，还说如果去大峡谷的话还有可能捡到美丽的孔雀羽毛。这让我充满了好奇”。①

习近平主席在演讲中，追溯国家之间共同的文化，以文化为载体来和世界人民聊天谈发展谈未来，增加了国家之间的理解和互信，赢得了世界人民的心理文化认同，给人熟悉感。

习近平主席给国际社会讲好有温暖的故事，启示了国际青年交流工作也要讲好中国温暖的故事。青年人喜欢听故事，我们要以故事的形式讲好中华文化，讲出广度、深度、温度，讲出思想，讲出感情。

2019年11月，来自巴基斯坦、加纳、肯尼亚、俄罗斯等国的青年来到北京修德谷传统文化研修基地参加“在华留学生第二课堂”活动，在活动中他们体验了中国非物质文化遗产古法造纸技艺（见图1-1），巴基斯坦的Elena Tahir说，“第一次真实地体验了中国古法造纸技艺，感觉非常棒”。为了能让这些国际青年对中华文化有更深的体会，授课老师惟妙惟肖地讲了一段中国古法造纸技艺传承人石桥村苗族人王伍生先生的故事。

历史上苗族的先民曾是楚国的主体国民，后来他们从广阔的平原迁徙

---

①习近平：《携手追寻中澳发展梦想　并肩实现地区繁荣稳定》，《人民日报》2014年11月18日。

图 1-1 国际青年体验中国古法造纸

到西南的莽莽森林里居住，同时也将中原汉民族的造纸技术带到这里，并利用当地丰富的构皮、杉根和清澈的河水为原料进行造纸。因此，石桥村造纸作坊的人家，每年都要择吉日举行盛大活动来祭祀造纸鼻祖蔡伦。在石桥村，古法造纸不仅仅是一种谋生方式，更加是一种温暖的传承。由于地处边远，交通闭塞，科学文化相对落后，经济发展缓慢，长期以来，造纸技艺仅靠父辈或师徒之间的言传身教，一代代地传承下来。古法造纸技艺生产工艺流程复杂，从采集构皮麻到最后出成品，要经过16道工序，每道工序的细腻程度和要求都比较高。而要熟悉和掌握全套生产工艺，至少要3～10年的时间。可以说，它是石桥村民共同创造的成果，是苗族人民共有的文化财富。也正因如此，对这一工艺的坚守便包含着感念先人、传承文化的脉脉温情。

古法造纸，经过打浆、抄纸、压水、揭纸、烘干等步骤，就可以变成一张古风十足的手工纸，把这些青年的思绪拉到了千年前的中国古文明，感受历史的沧桑。听到这个温暖的故事后，这些青年若有所思，思绪随着故事情节而跳跃。俄罗斯的Anna说："中国对世界文化的贡献很大，古法造纸是非常有价值的技艺，它是现代工业技术无法替代的。回国后我要把这个故事讲给家人听，希望他们对中国文化有更多的了解。"一边听故事，一边体验，经过几道程序后，烘干的纸张散发着大自然味道的热气。面对这神奇技艺这些青年发出了啧啧赞叹之声，觉得太不可思议了（见图1-2）。造纸术是中国古代"四大发明"之一，也是中华文化的精髓，这项具有生命力的造纸技艺蕴含着中国古代劳动人民的智慧，记载了历史文化的传承，推动了人类文明的进程。随着社会科技的发展，现在的造纸技艺日新月异科技含量高，但在民间古法造纸术依然流传着，展现着人们造纸的情怀和对未来的美好憧憬。

图 1-2　国际青年展示自己制作的古纸

青年代表着希望，代表着未来。向国际青年讲好这些有温度的故事，更能拉近青年之间的距离，增加心理文化认同，加深彼此的友谊，从而使中国成为国际青年的向往地和打卡地。真心真情真挚的故事，让中华文化传播更有立体感和影响力。习近平主席在国际社会的“习式演讲”重塑了国际外交语言体系，其独特魅力和深入人心的温暖，让世界人民心相通，更让国际青年心相连，引领了国际外交新风尚。

02

国际使命

Guo Ji Shi Ming

- 中国青年是公共外交的生力军
- 中国青年担当构建人类命运共同体的大任
- “一带一路”倡议　中国青年的使命
- 讲好当代中国青年故事
- 传播当代中国青年声音
- 中国青年应把握新时代内涵　共创健康中国
- 中国青年同心同行战“疫”　彰显时代担当

中国青年是公共外交的生力军

公共外交是一项“润物细无声”的事业，在交往中促进世界各国互相理解与合作。因此，需要国家的主导和社会大众的参与，更需要青年有所为，积极投入到公共外交事业中来，为世界文明的发展做出贡献。

我国国家领导人大力支持青年参与公共外交事业。1957年11月，毛泽东访苏期间接见中国留苏学生时说：“世界是你们的，也是我们的，但归根结底是你们的。”这句话一直影响至今。从我国国家领导人在国际外交历次场合的讲话中可以发现，青年参与公共外交几乎都是必不可少的话题。党的十八大以来，习近平主席一直身体力行致力于推动世界青年互联互通，他以演讲、回信、参访等形式与国内外青年互动，鼓励他们做国与国之间文化交流的使者，成为公共外交的生力军。

青年参与公共外交是我国外交事业的重要组成部分，增进了我国与世界各国人民的互动，加深了彼此的友谊。新中国成立之初，我国创造性地开展了“民间先行，以民促官”的外交实践，实施了“乒乓外交”“京剧外交”等一系列具有创造性的青年外交，为我国青年参与国际事务提供了平台，推动了我国外交格局的发展。冷战后，经济全球化使国际交往方式发生了根本性变化。随着经济一体化、跨国贸易、国际旅游、海外留学及社交网络的快速发展，全球青年之间建立了普遍而复杂的联系网络，形成了国与国之间强有力的纽带。随着中国社会经济的发展，中国青年需要融入世界，与世界各国成为好朋友共同发展。这就需要让更多的外国公众了解一个全面、立体的中国并从心理上接纳中华文化，喜欢中华文化，对中国产生好感，爱上中国。在这一过程中，中国青年起到了重要的作用，他们与世界各国青年真诚交流，找到了彼此的朋友，建立了深厚的友谊，赢得了越来越多的“知华、友华、爱华、挺华”国际友人的理解与信任。2004年的“中俄青年友谊年”活动，向世人展现了中俄世代友好的强烈愿望和坚定决心；2008年的“中日青少年友好交流年”活动，推动了两国战略互惠关系的发展，增强了青年之间的友谊；2011年“中欧青年交流年”活动，开启了中欧青年人文交流的成功范式；2014年第22届APEC会议展现了中国青年志愿者的风采，拉近了与世界的距离；2016年第一届亚非青年联欢节，加深了中国青年与亚非青年的友谊，促进了亚非国家的团结；2019年第二届“一带一路”国际合作高峰论坛，增进了民心相通；2020年，昆明举办了“2020上合青年教育合作与创新创业高端圆桌会暨研讨会”，为提高各成员国职业教育质量、搭建创新型实用人才平台做出贡献（见图2-1）。在这些活动中，中国青年以志愿者等形式积极配合公共外交向世界展现了良好形象，为我国公共外交写下了崭新的一页。

随着中国国际地位和影响力的提高，“中国威胁论”也不绝于耳。这让很多不了解中国的外国公众产生了误解，这种误解进而影响到了中国青年的形象乃至国家形象。因此，我们要发扬优良传统，鼓励和支持青年参与公共外交，以宽广的胸怀和担当，向世界讲好中国故事，让世界接受一个讲信修睦、协和万邦的中国，一个具有国际信誉和勇于承担国际责任的中国。

习近平主席说，世界的未来属于年轻一代。人类和平与发展的伟大事

图 2-1　中外青年共同参加“2020 上合青年职业教育与创新创业高端圆桌会暨研讨会”

业，需要各国青年人担起重任，共同推进。在国际舞台上，中国青年人也正用言行诠释着中国负责任大国的形象，为助力世界发展进步发出中国声音、贡献中国智慧。纵观这些年来我国青年参与公共外交活动的情况，总结了以下四方面经验。

一、真诚交友扩大“朋友圈”

青年参与公共外交的本质就是和国际青年交流建立友谊，从而促进外国青年对我国有更强的亲密感。因此，我国青年要站在构建人类命运共同体的角度，真诚与国际青年交流，赢得他们的信任成为好朋友。通过深入的交流，使国际青年在关键时刻为中国青年发声，为中国发声。另外，我们还要培养具有全球视野和国际竞争力的复合型青年人才，使中国青年“走出去”，国际青年“走进来”，促进人才的交流互动。

二、给青年更大的选择权

青年人视野宽广、富有创新精神、包容性强，喜欢接受新鲜事物，是开展公共外交可以借助的重要力量。因此，我们应充分尊重并积极引导、激发青年的积极性和创造性，用其所长，给青年以足够信任和才智施展空间。在亚非青年联欢节活动中，来自各个高校的大学生都是活动策划、语言交流、礼仪文化等领域的精英，这些大学生的乐观、自信、创意以及他们对交流、沟通、理解的热情，成为活动中亮丽的风景线，给亚非青年带来了快乐，使他们更加认同中国青年，更加认同中国。在公共外交活动中，我们要敢于和善于放手，给青年一定选择权，让青年自我设计、组织、开展部分活动，使他们在公共外交活动中发挥更大的价值。

三、运用新媒体的力量

随着互联网的发展，当代青年在沟通、交流、联络等生活方式上已经发生了很大的变化，更加喜欢运用新媒体这种喜闻乐见的方式进行交流沟通。新媒体有着传播速度快、受众范围广、互动性强、不受时空限制等明显优势，是青年人普遍喜欢的交流沟通渠道。因此，在公共外交中，要运用新媒体的力量，凝聚青年智慧，传播中国声音。在2019年第四届“亚非青年联欢节”活动中，主办单位开通了联欢节官网，设立了微博专题，在外国青年习惯使用的推特和脸谱社交网站上开通账号，青年志愿者及时发布消息，与国际青年广泛互动，产生了积极广泛的影响。

四、为青年搭建平台

俗语说，众人拾柴火焰高。青年参与公共外交活动，需要各方面资源投入，形成社会合力。因此，作为青年参与公共外交活动的重要平台，团中央、全国青联应与政府有关部委、学术机构、高校传媒、社会公益组织和企业积极合作，建立和完善青年对外交流协调机制，逐步形成跨国家、跨地区、跨部门协作联动的开放式工作格局，借用外脑和外力，为青年参与公共外交活动搭建平台，提升青年的国际引领力。

青年是祖国的未来、民族的希望。在公共外交中，应充分发挥青年的优势，传播中华优秀文化，促进中外文化交流互鉴，使青年成为展示中国良好国际形象的重要窗口。“不患人之不己知，患不知人也”，中国青年要承担使命和勇于担当，加深世界各个国家历史文化的了解，在互学互鉴中增进友谊，成为公共外交的生力军，为构建人类命运共同体贡献力量与智慧。

中国青年担当构建人类命运共同体的大任

中国青年是推动世界文明发展的有生力量，承载着时代的使命。从古时的马匹、骆驼到现代的高铁、船舶、航空，在构建人类命运共同体的征程上，中国青年的足迹遍布世界每个角落，不仅给世界人民带来了物质文明，更带来了博大精神的中华文化，推动了世界的发展与变革。历史证明，世界文明的生命力需要每个时代青年的传承和创新。2017年1月18日，习近平主席在联合国日内瓦总部发表的《共同构建人类命运共同体》主旨演讲中说："构建人类命运共同体是一个美好的目标，也是一个需要一代又一代人接力跑才能实现的目标。中国愿同广大成员国、国际组织和机构一道，共同推进构建人类命运共同体的伟大进程。"百花齐放才是春。面对构建人类命运共同体这一美好目标，需要青年一代齐心协力，继往开来担当大任，贡献智慧与力量。

从古到今，中国青年都是有本领、有担当、有希望的一代，为人类的福祉前仆后继，勇往直前。古时为世界文化融合而奋斗的驼铃声犹在，当下又响起了抗击新冠肺炎疫情的铮铮誓言。在2020年抗击新冠肺炎疫情的战"疫"中，"90后"和"00后"的青年志愿者加入武汉医疗服务队，占队伍总人数近三分之一。担当奉献无畏的精神展示了中国青年的面貌。各个高校青年研发团队不计得失，攻关疫情科研课题，与世界分享研究成果。有的青年通过网络和国际青年分享防疫知识，共同募捐防疫物资，以天下之责帮助需要帮助的人们。我们忘不了，在日本街头免费发口罩的中国女孩、为英国老年人购买食物的中国留学生、在网络上为世界传递疫情信息的中国青年……习近平总书记在2020年3月15日给北京大学援鄂医疗队全体“90后”党员的回信中写道：“在新冠肺炎疫情防控斗争中，你们青年人同在一线英勇奋战的广大疫情防控人员一道，不畏艰险、冲锋在前、舍生忘死，彰显了青春的蓬勃力量，交出了合格答卷。”我们可以看到，在构建人类命运共同体的过程中，中国青年以忘我的精神，心怀天下，践行了时代的大任。但同时更要看到，在国际社会多元化的今天，构建人类命运共同体是一个长期过程，任重而道远。“凤毛丛劲节，直上尽头竿”，中国青年要想有时代的作为，仍需乘风破浪、砥砺前行，与时代同频共振。

一、坚定理想信念

在构建人类命运共同体的过程中，中国青年要坚定“革命理想高于天”的信念，做志存高远、心胸宽广的新时代青年。习近平总书记指出：“青年的理想信念关乎国家未来。青年理想远大、信念坚定，是一个国家、一个民族无坚不摧的前进动力。青年志存高远，就能激发奋进潜力，青春岁月就不会像无舵之舟漂泊不定。”青年只有坚定理想信念，路才会走得远，梦想才会实现。2020年6月27日，习近平总书记给复旦大学青年师生党员回信强调：“心有所信，方能行远。面向未来，走好新时代的长征路，我们更需要坚定理想信念、矢志拼搏奋斗。”在复杂的国际形势和意识形态斗争中，构建人类命运共同体是新的“长征路”，会面临很多困难和挑战。因此，中国青年要牢固树立“四个意识”，不断坚定“四个自信”，坚决做到“两个维护”，以坚定的理想信念向国际社会讲好中国故事，发出中国青年铿锵有力之声。

二、提升国际视野

在全球一体化的当下，世界各国的互动和融合越来越深化，已成为你中有我、我中有你的休戚相关的命运共同体。青年是世界的未来，更是每个国家的希望。全球治理的现代化、国家的繁荣与昌盛、世界的和平与发展、人类命运共同体的构建等，都需要一代又一代青年勠力同心、同舟共济、互学互鉴。2015年11月7日，习近平主席在新加坡国立大学发表《深化合作伙伴关系　共建亚洲美好家园》演讲时寄语中新两国青年，希望中新两国青年发扬“不患人之不己知，患不知人也”的精神，加深对彼此国家历史文化的了解，加深对彼此人生追求的了解，互学互鉴，增进友谊，共当中新友谊的忠实继承者、积极参与者、热心奉献者，成为中新关系发展的生力军。青年因交流而了解，因了解而互动，因互动而成为好朋友，这是构建人类命运共同体的基本诉求之一。

新时代的中国青年应站在世界的角度，看待天下发展大势，为世界进文明、为人类造幸福。因此，中国青年不仅要思考自己民族国家的问题，还要理性思考世界发展的问题，通过各种渠道主动加强不同国家和区域间青年的交流与合作，推动不同文化的融合发展（见图2-2）；积极参与国际友好交往，共同推进国际关系的健康良性发展；致力于人类的和平与发展，以身作则贡献力量；应对各种挑战，推动构建人类命运共同体，实现世界人民一起过上好日子的美好愿景。

图 2-2　中外青年共同探讨构建人类命运共同体

三、具有人类情怀

中国青年，既要有家国意识，也要有人类情怀。人类命运共同体是真善美的理想世界，是世界各国人民美好的向往。在中华文化中，一直有对理想世界的憧憬和追求，大同世界、天下和平等，都是共同体智慧和理念的具体体现。2019年4月30日，习近平总书记在纪念五四运动100周年大会上指出："青年是国家的未来，也是世界的未来。中国梦与世界梦息息相通，中华民族应该对人类社会作出更大贡献。新时代中国青年，要有家国情怀，也要有人类关怀，发扬中华文化崇尚的四海一家、天下为公精神，为实现中华民族伟大复兴而奋斗，为推动共建'一带一路'、推动构建人类命运共同体而努力。"中国梦与世界梦是一脉相承的，在构建人类命运共同体的建设中，中国青年要有“天地万物本吾一体”的自觉意识，将自己的小我融入人类的大我之中，以兼济天下的博大情怀和历史担当，厚植人类情怀，继承和发扬中华文化传统，思考国际社会发展问题，体察国际民生冷暖，将青年的力量注入人类社会发展中，为人类谋幸福，实现伟大而有意义的人生价值。

四、坚持与时俱进

林清玄曾在《在云上》中说：“在穿过林间的时候，我觉得麻雀的死亡给我一些启示，我们虽然在尘网中生活，但永远不要失去想飞的心，不要忘记飞翔的姿势。”我们实现梦想，并非是天马行空般的虚幻之旅，而必须植根于现实生活之上，顺应改革开放新时代的大势，主动融入中华民族伟大复兴的历史潮流。中国青年只有顺时应势，实事求是，吸纳时代精华，才能不断升华，开拓创新，实现创造性发展。在构建人类命运共同体过程中，青年的思想及创造能力决定着人类社会的创新创造能力和水平。中国青年要创新思维，紧跟时代步伐，不断学习理论和技能，提高综合修养，在思维水平上百尺竿头更进一步。在思想上，高度和党中央保持一致，为党和人民分忧解难；在理论上，正确认识国家、民族、人类的前途命运和自己的社会责任；在实践上，充分把握世界大发展大变革带来的机遇，临危不惧应对各种挑战，实现自我的全面发展。

人类命运共同体作为内涵丰富的思想体系，包含全球治理、国际地缘政治、经济文化交流、科技合作以及生态文明建设等多重维度。青年的价值取向决定了未来整个社会的价值取向，也决定了人类命运共同体建设的进程。习近平总书记激励广大青年“要有敢为人先的锐气，勇于解放思想、与时俱进，敢于上下求索、开拓进取，树立在继承前人的基础上超越前人的雄心壮志”。面对世界秩序和人类文明形态的变革，中国青年应有敢为天下先的精神和气度，担起时代重任，运用中国特色社会主义理论提升全球视野，在各种文明交流碰撞中，促进文明的交融，用新思想新思维提升新担当，为构建人类命运共同体实现新作为。

“一带一路”倡议　中国青年的使命

沧桑巨变，历史更迭。青年推进着世界文明的进程，改变着世界发展的格局，是世界的未来。开拓者西汉的张骞以艰苦卓绝的意志出使西域，勾画了“一带一路”倡议的蓝本。驰骋自由之思想，拼搏精神之实干。2013年，习近平总书记提出了“一带一路”倡议，这为青年实现梦想开辟了广阔天地，中国青年要以时不我待的伟大奋斗精神，谱写世界和平与发展篇章，以实际行动承担起为人类命运而奋斗的使命。

“一带一路”致力于亚欧非大陆及附近海洋的互联互通，建立和加强沿线各国互联互通伙伴关系，构建全方位、多层次、复合型的互联互通网络，实现沿线各国多元、自主、平衡、可持续的发展。党的十九大将“一带一路”列入党章，为“一带一路”确立了战略定位和发展方向，并赋予其建设现代经济体系、推进人类命运共同体建设和全球治理的使命。

2014年5月4日，习近平总书记在北京大学师生座谈会的讲话中说：“一代又一代有志青年‘以青春之我，创建青春之家庭，青春之国家，青春之民族，青春之人类，青春之地球，青春之宇宙’。”在世界变革中，每一代青年都有自己的际遇和机缘，都要在自己所处的时代条件下谋划人生、创造历史。面对千载难逢的机遇，中国青年要主动融入世界，引领世界发展潮流，不仅要为祖国美好奋斗，还要为世界美好而奋斗，实现青年的时代价值，做好时代的答卷。

一、促进中华文化世界融合

当代中国，正经历着一个风云际会、巨龙腾飞的时代。中国的和平崛起已成为必然趋势，这与强大、持续的中华文化力量分不开。中国人的自强、厚重、克己、敬事，是中国强大的真正的内核。党的十九大报告指出，要推进国际传播能力建设，讲好中国故事，展现真实、立体、全面的中国，提高国家文化软实力。

中华文化为世界的发展做出了卓越贡献。中国发明的指南针、造纸术、火药、活字印刷等传到了世界各地，推进了文明的进程。“晴空一鹤排云上，便引诗情到碧霄。”现如今，中华文化以源远流长的深厚底蕴和海纳百川的包容气度，正步入世界舞台的中心，再次落地、生根、发芽、开花并结果，在这个多元的时代绽放出绚丽多姿的光芒。澳大利亚的小学生穿着汉服表演《老子的故事》:“道可道，非常道……”中医、武术、曲艺、美食等得到了越来越多国家人民的喜爱。

然而，随着我国自身改革的发展走入深水区，中华文化在世界的融合中遇到了很多困难和挑战。这就需要青年发挥智慧，在“一带一路”建设中身体力行向世界人民讲好中国故事，传播中国声音，推广中华文化，推动多元文化交流交融。比如，以志愿者的身份主动参与国际事务，为中华文化发声。提高国际思维，多和国际青年交朋友，分享思想观点，运用中华文化来解决问题。如图2-3中，中国青年与外国青年围绕“一带一路”的合作机会展开讨论。另外，还要善于运用互联网，满足对象国受众对中

图 2-3 中外青年共同探讨"一带一路"倡议的机遇

国文化的需求和期待，树立中国形象。中国青年要先明辨之、笃行之，以"平天下"的胸怀，让中华文化融入全世界。

二、促进全球经贸发展

"一带一路"是加快经济全球化的重要推动力，开启了世界共同繁荣发展的新征程，提供了世界各国经贸发展的有利条件，改变了世界经济的格局。

2017年5月14日，习近平主席在"一带一路"国际合作高峰论坛开幕式演讲中说："一代又一代'丝路人'架起了东西方合作的纽带、和平的桥梁。""丝路人"有责任担当，是责任共同体；有利益需求，是利益共同体；休戚相关，是命运共同体。而"丝路人"的中坚力量是"青年丝路人”，他们构建起“一带一路”的青年命运共同体。中国青年以创新实干精神刷亮了“一带一路”建设的青春度，促进了全球经贸的发展。全国高校经济学等专业的学子研究相关经济逻辑，评估实际操作，完善趋利避害，产生了“一带一路”贸易投资指数、“五通”指数评估等重大成果。在科技创新中，一大批优秀青年致力于如纳米技术、智慧城市建设等课题，为“一带一路”沿线国家提供解决“城市病”的尖端技术和方案，助力现代经济发展。同时，还有很多青年学者把经贸理论研究成果无私的和“一带一路”沿线国家青年分享，提高他们的经贸理论水平。

涓涓细流汇成大海，点点星光点亮银河。中国青年作为共建“一带一路”的有生力量，应主动担当使命，推动各国互联互通更加有效，经济增长更加强劲，人民生活更加美好。

三、促进民心相通

“一带一路”建设的根基在民众，需要不同国家之间人文、思想、观念、习俗、道德的互认与接纳。青年是“一带一路”建设的重要力量，是民心相通的基础。习近平主席指出：“国之交在于民相亲，民相亲在于心相通。”①

从历史上看，古丝绸之路将中国的丝绸、瓷器、茶叶传到西方，西方的特产、乐器、佛教也传入中国。丝绸之路加大了中西方的文明交流，不仅是一条通商合作之路，更是一条和平友谊之路、文明互鉴之路。在新的历史条件下，夯实“一带一路”建设需要深化各国的人文交流，增进民众相互信任和加深彼此感情。对此，中国青年应主动担当友谊的使者，在科

①习近平：《携手推进“一带一路”建设》，《人民日报》2017年5月15日。

图 2-4　中外青年身体力行参与环保事业

技、教育、文化、体育、卫生、环保、旅游等领域积极与沿线青年交流沟通，争取他们的信任与合作。如图2-4中，中外青年共同投身环保活动。

文化是民心相通的桥梁与纽带。中国青年应发挥聪明才智和创新精神，以丰富多彩的文化活动、文化娱乐服务为载体，服务好沿线国家和地区民众，做他们的好朋友、知心朋友，促进民心相通。在文化产品创意上，中国青年更要深入思考，把中华文化与当地特色文化有效结合，产生更多具有当代文化价值特性的文化创意产品，使其融入沿线国家民众生活，让文化产品成为“民心相通”的润滑剂。

海阔凭鱼跃。“一带一路”建设正如火如荼地开展，志同道合的“朋友圈”不断扩大。中国青年应放眼未来，担当使命，在时代大局下，与国际青年一起成为“一带一路”建设的中坚力量。

讲好当代中国青年故事

中华故事是中国五千多年文明的重要标识。党的十八大以来，习近平总书记对“讲好中国故事”做了诸多重要论述。2016年2月19日，习近平总书记在党的新闻舆论工作座谈会上的讲话中强调：“要组织各种精彩、精练的故事载体，把中国道路、中国理论、中国制度、中国精神、中国力量寓于其中，使人想听爱听，听有所思，听有所得。”2020年2月3日，习近平总书记在中央政治局常委会会议研究应对新冠肺炎疫情工作时的讲话中说：“国际社会高度关注疫情发展，要主动回应国际关切，讲好中国抗击疫情故事，展现中国人民团结一心、同舟共济的精神风貌。”

这充分说明，讲好中国故事，让人民从中受到鼓舞，让世界了解一个真实、立体、全面的中国，具有现实的重大意义。故事的核心价值在于被认同，当代中国青年思维灵活、亲和力强、国际视野宽广，是讲好中国故事最鲜活的题材，他们真实有力量充满感情的故事更能得到国际社会的认同。

当代中国青年，有着强烈的爱国主义情感、强烈的世界担当意识、强烈的实现自我价值的梦想，“家事国事天下事，事事关心”是他们责任担当的真实写照。当代中国青年志存高远，坚定理想信念，肩负新时代赋予的使命，在创新发展的道路上思考中国问题、思考世界问题，矢志不渝的为中华复兴、世界和平而奋斗。这些奋发向上的青春故事，为青年一代的成长提供了遵循和引导，更能有效地传播中国智慧，促进国际青年之间的融合发展，拉近国家间的距离，形成文化交流同频共振，推动构建人类命运共同体。

一、讲好胸怀天下的故事

新文化运动让思想进步的青年聚集在马克思主义旗帜下，为人类的解放事业谋求出路。近100年前，一批批胸怀天下的中国青年远渡重洋，选择到苏联、日本、法国等国家学习新思想和新理念，探求救国方略。其中，来法留学生中产生了新中国的缔造者周恩来、邓小平、陈毅，科学家钱三强、严济慈，艺术家徐悲鸿、冼星海，文学家巴金、钱钟书等。2014年3月26日，习近平主席参观里昂中法大学旧址时，希望中法友好精神代代相传，发扬光大。中国青年在与世界的交流中这些精彩的故事，推动了世界文明互鉴。

回顾历史，中国青年宽广的胸怀与高远的格局，不仅肩负起了建设祖国的使命，而且还承担起了为人类作贡献的责任。毛泽东曾说：“世界是你们的，也是我们的，但归根结底是你们的。”习近平总书记指出：“中国梦是历史的、现实的，也是未来的；是我们这一代的，更是青年一代的。”① 当代中国青年发扬前辈优良传统精神，继往开来，秉持世界眼光，在经济、教育、社会、气候、环境等诸多领域与世界青年交流合作，使不同的文化得到了融合，打造了“中国名片”，谱写了故事新篇章（见图2-5）。

---

①习近平：《决胜全面建成小康社会 夺取新时代中国特色社会主义伟大胜利》，《人民日报》2017年10月28日。

图 2-5 中国青年积极推进中国文化融入世界

孔子曰“四海之内皆兄弟也”。自2002年中国青年志愿者海外服务计划启动以来，一批批中国青年志愿者先后前往埃塞俄比亚、利比里亚、津巴布韦、塞舌尔、加纳、多哥、贝宁、肯尼亚等非洲国家，从事教育、医疗卫生、农业技术等志愿服务，为促进当地经济社会发展贡献智慧和力量，受到国际社会的广泛好评。1975年出生的王刚，任山东省立医院小儿外科副主任医师，他于2009年6月和队友们一起前往利比里亚进行志愿服务，主刀完成了120例手术，门诊接诊上千人次。他实施的“新生儿腹裂畸形”、先天性巨结肠等高难度手术，更是填补了利比里亚小儿外科领域的空白，挽救了许多生命。因其卓越的贡献，服务队全体成员受到利比里亚总统瑟利夫的接见，王刚本人还被授予了“非洲之星”荣誉勋章。2019

年，来自上海外国语大学、南京大学、浙江大学、江西师范大学、武汉大学、中山大学和重庆大学7所高校志愿服务组织的7名大学生志愿者前往老挝、缅甸、泰国、印度、土耳其、美国等国家的联合国机构进行志愿服务。为了参与国际事务，波士顿大学留学生郝思嘉主动参加2019年在联合国纽约总部举办的第四届妇女与女童参与科学国际日大会，为争取妇女和女童充分与平等地参与科学的权利做出贡献……这些真实有趣又内涵丰富的故事，传播了中国声音，感染并影响了更多的人，引起了国际社会的共鸣。

故事因分享而更加精彩。向国际社会讲好当代中国青年胸怀天下的故事，能促进各类文明的相互理解和包容，提高国家文化软实力和中华文化影响力。

二、讲好艰苦奋斗的故事

艰苦奋斗是中华民族的优良传统。中国人民自古就明白，世界上没有坐享其成的好事，要发展就要奋斗。几千年来，中华民族取得伟大的成就靠的就是艰苦奋斗。在新中国成立之初，整个国家一穷二白，连一辆汽车、一架飞机、一辆拖拉机甚至一盒火柴都造不出来。但是，在我们党的带领下中国人民通过艰苦奋斗，在短短的几十年就建立起了现代化的工业体系和国民经济体系。改革开放以来特别是党的十八大以来，中国人民继续发扬艰苦奋斗的精神，从载人航天、载人深潜、探月工程到高铁、航母、港珠澳大桥，从天宫、蛟龙、天眼到悟空、墨子、大飞机，攻克了一个又一个看似不可攻克的难关，创造了一个又一个彪炳史册的人间奇迹。

在中华民族繁荣富强的伟大事业中，青年是主力军和生力军，用青春的汗水和拼搏实现了中华民族从“赶上时代”到“引领时代”的伟大跨越。在国际交流中，我们要讲好当代中国青年艰苦奋斗的故事，让有感情有魅力的故事产生心理认同，从而传达中国共产党国家治理理念。20世纪60年代，梁家河青年们住土窑洞、睡土炕，几个月吃不上一块肉，当时他们最期盼的就是能饱饱地吃上一顿肉。在青年们的艰苦奋斗下带领全村人民想办法谋出路。如今，村里盖起了砖瓦房，用上了互联网，吃肉当然已经不成问题了。“铁人”王进喜、“共产主义战士”雷锋、“人民的好公仆”焦裕禄、“天眼之父”南仁东……各行各业的当代中国青年演绎着艰苦奋斗圆梦的故事，创造了发展故事、科技故事和文明故事。

习近平总书记指出：“一切伟大成就都是接续奋斗的结果，一切伟大事业都需要在继往开来中推进。”[①]当代中国青年艰苦奋斗的故事是中国坚持和平发展、合作共赢的华美故事，是中国故事最出彩之处。我们要把这些精彩故事表述好、讲准确，告诉全世界中国这头狮子已经醒了，而且这是一只和平的、可亲的、文明的狮子。

三、讲好时代担当的故事

青年一代有理想、有志气、有担当，国家就有前途，民族就有希望。在实现中华民族伟大复兴的新征程上，当代中国青年继承五四精神应对重大挑战、迎难而上、挺身而出，为党和人民的事业担当。当代中国青年拥有奋进的激情和社会理想，他们以活跃的思维、充沛的精力和初生牛犊不怕虎的闯劲抒写了当代中国经济发展、思想文化、社会进步的唯美故事。

①习近平：《在庆祝海南建省办经济特区30周年大会上的讲话》，《人民日报》2018年4月14日。

例如，学术创新领域的邓中翰、航空报国英模罗阳等青年精英以担当的精神，成就了一番事业，同祖国和时代一起成长进步。

在抗击新冠肺炎疫情的斗争中，以“90后”为代表的全国各族青年积极响应党的号召，冲锋在抗疫一线，充分展现了当代中国青年的担当精神。习近平总书记给北京大学援鄂医疗队全体“90后”党员的回信中，高度赞扬这些青年不畏艰险、冲锋在前、舍生忘死，彰显了青春的蓬勃力量，交出了合格答卷。

讲好当代中国青年的故事应该放眼全世界，精心构建话语体系，用受众乐于接受的方式、易于理解的语言，找到精神共通点、思想共享点、情感共鸣点，让中国人民和世界人民更加互亲、互近，彰显中华文化强大的影响力。

历史昭示我们，赢得了青年，就赢得了未来、赢得了希望。当代中国青年在中国特色社会主义事业奋斗中，涌现了很多可歌可泣的故事。面对伟大的时代召唤，我们应该以国际化思维融合中外、贯通东西，把这些故事通过各种方式向国际社会分享，为构建人类命运共同体提供中国方案。

传播当代中国青年声音

在百年未有之大变局中，正在崛起的中国致力于世界和平与发展，展现了负责任的大国形象。作为世界的未来，中国青年已成为推进人类和平与发展的强大力量，践行着世界担当。在国际交流中，我们应向国际社会传达构建人类命运共同体的“中国青年声音”，阐释建设公平公正国际秩序的新蓝图，增强中国的影响力，提高中国的感召力，提升中国的形象。

传播当代中国青年声音，搭建起中国与世界增进互信、加强合作的桥梁，更好地引导海外受众全面、客观、理性地看待中国的发展进步，满足国际社会对中国态度的需求，让中国声音赢得国际社会的理解和认可，减少国际社会对中国发展的疑虑和偏见。因此，让世界听更多中国青年的声音显得尤为重要，世界舞台上不仅要有活跃的中国，更需要活跃的中国青年。

在联合国经济及社会理事会2017青年论坛上，TFBOYS组合成员王源作为中国青年代表，使用英文进行了2分钟的演讲，向世界展示了联合国在中国倡导的“畅想2030”活动取得的成果，并号召更多中国年轻人热心世界公益事务，表达中国青年为世界可持续发展和美好未来奋斗的决心。在2015年APEC国际峰会上，中国青年夏雪和国际人士交流战争与和平、人口老龄化、大学教育质量、手机依赖症和空气污染等话题，向国际社会传递中国青年的声音……中国青年在国际事务的舞台中，以使命担当的精神发出声音，为可持续发展的世界注入了年轻的血液。以管窥豹，中国的“90后”“00后”已经成长为国家栋梁，以自己的角度和思维方式阐述中国问题和世界问题，向世界展示全面、立体、真实、有温度又有高度的中国。

传播好中国声音，是党的十八大以来宣传思想工作的重要理论创新，是做好新形势下对外宣传工作的根本遵循。传播当代中国青年声音，能提高中华文化影响力，让世界更好了解中国。向世界传播好中国青年声音，要把握大势、精准施策。要传播得生动、鲜活、恰如其分，讲得精彩、生动、鲜活，让国际社会听得懂、能理解、可借鉴。要充满感情地传播，以青年真挚的感情，报道出理论的深度、思想的温度。要以我为主地传播，用中国青年话语解读中国道路，结合国外受众的思维和阅读习惯，精心构建中国特色对外话语体系。与此同时，中国青年要转变从跟随者到引领者、从参与者到塑造者的国际角色，提升国际视野和格局，增强自觉与自信，在重大国际政治、经济议题上要勇于发声、善于表达，形成中国青年话语优势。面对复杂的国际形势，我们传播中国青年什么样的声音为主呢？以下三点思考可以借鉴。

一、传播文化自信的声音

文化是一个国家、一个民族的灵魂。没有高度的文化自信，没有文化的繁荣兴盛，就没有中华民族伟大复兴。《易·系辞上》云：“圣人有以见天下之动，而观其会通。”和而不同的中华文化是关于治国理政、立德树人、相异相成的大智慧，具有天下情怀。范仲淹的“居庙堂之高则忧其民，处江湖之远则忧其君”和张载的“为天地立心，为生民立命，为往圣继绝学，为万世开太平”，都体现了这种精神和情怀。

中华文化的创造性及生命力是我们文化自信的底气。在中华文化史上，各个时代都有伟大的思想家和传世经典。楚辞、汉赋、唐诗、宋词、元曲、明清小说，不断传承和创新都是代表时代性的文化珍品。博大精深的中华文化不断推动着社会的发展……新中国成立以来，特别是改革开放以来，各族青年在中国共产党的领导下，坚定文化自信使中国成为世界第二大经济体，在国际社会具有越来越多的话语权，中国发展取得了辉煌的成就。习近平总书记在党的十九大报告中指出，文化自信是一个国家、一个民族发展中更基本、更深沉、更持久的力量。在国际交流中，当代中国青年传承优良传统坚定文化自信传播中华文化，构筑了中国精神、中国价值、中国力量。

优秀青年戏曲演员刘冰用特殊的方式传播戏曲文化。他说：“作为一名当代青年，我有责任有义务讲好中国故事，演好中国故事，让更多的青年人了解中国历史文化，从而树立文化自信。”他举办的《梨园寻梦》，得到了各界艺术家及观众的一致好评。国家级非物质文化遗产北京“面人郎”第三代传承人郎佳子彧是一名“95后”，他巧妙地将符合年轻人审美和喜好的流行元素融入面塑文化创作中，实现了创作题材上的创新，并且被世人所喜欢。在郎佳子彧看来，如果希望捏面人的技艺具有持久的生命力，必须要在继承的基础上不断创新，反映当下时代属性和人民生活，才能焕发出历久弥新的魅力。许多像刘冰和郎佳子彧这样的青年，坚定文化自信，以各种方式传播中华文化，吸引人们学习和传承。

在日益全球化的当下，中华文化滋养了当代中国青年的成长成才，坚定文化自信的他们，以各种角度和方式阐释了对中华文化的理解，在国际社会为中华文化发声，展现了青春担当。因此，在国际交流中，我们应传播当代中国青年文化自信的声音，以文化为载体促进交流，让世界更加认同中华文化，更加理解并懂得中国（见图2-6）。

如今，世界正处于百年未有之大变局，作为全球第二大经济体的中国影响力和感召力不断上升，已成为维护国际秩序的重要力量，世界各国对中国的发展越来越感兴趣，越来越想了解中国。但旧有的国际舆论导向尚未扭转，有些国家对中国的发展产生了误解和偏见。在这一国际格局下，通过传播当代中国青年文化自信声音，传播好我国民主政治、社会进步、民生改善、民族团结和科技创新的成就，传播好当代中国青年的文化底蕴和世界情怀，积极地向世界反映中国的发展理念，不仅能搭建中国与世界增进互信的桥梁，还能引导国际社会全面、客观、理性地看待中国的发展进步，满足国际社会对中国声音的需求，让中国赢得国际社会的理解和认可。传播好当代青年文化自信，为世界了解中国打开一扇窗，让他们更加

图2-6 中国文化的世界表达

精准透明地阅读中国，增加彼此的亲和力，加深彼此的友谊，形成良好的互动。

二、传播爱好和平的声音

和平是人类最持久的共同夙愿，只有和平才能使人类实现梦想。在五千多年的发展过程中，中华民族求同存异，顾全大局，坚持宽厚仁爱的原则，用和平的方式来处理复杂的民族矛盾，“化干戈为玉帛”使各民族和睦相处，创造了灿烂的中华文明。“协和万邦”“四海之内皆兄弟”“远亲不如近邻”等一些和平思想至今影响广泛。连欧亚，张骞出使西域开辟丝绸之路；通亚非，郑和七下西洋；渡万难，唐僧印度取经；传真经，鉴真东渡扶桑……这些典型的事例，是中国古代青年以自己实际行动谱写和平之歌的历史见证，也是中华民族爱好和平，与世界发展友好关系的历史见证。

新中国成立后，在和平共处五项原则的外交方针下，当代中国青年站在国家利益的高度，积极与国际青年交流，参与国家公共外交，结交海内外朋友，传播了爱好和平的声音，赢得了世界的尊重。习近平主席在给联合国教科文组织第九届青年论坛开幕的贺词中说：“青年最富有朝气，最富有梦想，是未来的领导者和建设者。……世界的未来属于年轻一代。全球青年有理想、有担当，人类就有希望，推进人类和平与发展的崇高事业就有源源不断的强大力量。”①

当代中国青年推动了世界的和平发展。他们发扬“仁爱”的人道主义

---

①习近平:《习近平主席在联合国教科文组织第九届青年论坛开幕式上的贺词》,《人民日报》2015年10月27日。

精神，身体力行向世界展示着爱好和平的青年形象，发出了和平的时代之声。为了维护世界和平环境，中国青年踊跃加入联合国维和部队，以实际行动阐述中国的和平理念。2019年12月13日，82名南京市第一中学的高中学生，在国家公祭仪式上朗诵《和平宣言》，通过他们青春而坚定的声音，向世界发出庄严的和平祈愿，铮铮的宣言持久地在世界回响，把爱好和平的声音传得更深远。

2015年11月7日，习近平主席在新加坡国立大学发表《深化合作伙伴关系 共建亚洲美好家园》重要演讲强调："和平发展思想是中华文化的内在基因，讲信修睦、协和万邦是中国周边外交的基本内涵。近代以来，外敌入侵、内部战乱曾给中国人民带来巨大灾难。中国人民深知和平的宝贵，绝不会放弃维护和平的决心和愿望，绝不会把自身曾经遭遇的苦难强加于他人。中国繁荣昌盛是趋势所在，但国强必霸不是历史定律。中国自古倡导'强不执弱，富不侮贫'，深知'国虽大，好战必亡'的道理。"[①]生于斯，长于斯的当代中国青年深知和平来之不易，他们倍感珍惜当下的幸福生活，充满对美好的热爱、对祖国的挚爱、对世界和平的期望。他们不仅关注中国问题，还关注世界问题，希望全世界人民和平相处，共同过上好日子，幸福日子。把这些声音传递给世界各国，更能促进民心相通，推进构建人类命运共同体建设。

以智慧和真情实感向世界传播好当代中国声音。在内容上，要丰富多彩，全面立体地传播。在形式上，要采取青年喜闻乐见的方式综合运用各种对外传播载体，提高对外传播的"时度效"水平，从而提升当代中国青年爱好和平的形象，提升中国负责任的大国形象。

---

①习近平：《深化合作伙伴关系 共建亚洲美好家园》，《人民日报》2015年11月8日。

三、传播热于奉献的声音

奉献精神是当代中国青年的底色。“得其大者可以兼其小”，当代中国青年把人生理想融入国家和民族的事业中，成就了一番事业，实现了人生价值。有信念、有梦想、有奋斗、有奉献的人生，才是有意义的人生。我们看到，大学生村官张广秀扎根基层，尽心尽力发扬奉献精神为百姓服务。大学生志愿者徐本禹走进贫困山区，用青春的力量践行着奉献力量……2013年5月2日，习近平总书记在给北京大学考古文博学院2009级本科团支部全体同学的回信中，勉励当代青年“珍惜韶华、奋发有为，勇做走在时代前面的奋进者、开拓者、奉献者，努力使自己成为祖国建设的有用之才、栋梁之材，为实现中国梦奉献智慧和力量”。

心中有阳光，脚下有力量，奉献的精神才能创造无愧于时代的人生。很多青年志愿到非洲等国家参与卫生、环保、教育等工作，积极为当地人民奉献才智，获得了当地人民的广泛赞誉。还有的青年因为贡献巨大，被当事国总统接见。

梦想熠熠，使命灼灼。热于奉献的当代中国青年，在整个社会的发展之中承载着伟大时代使命。2020年3月15日，习近平总书记给北京大学援鄂医疗队全体“90后”党员回信，赞誉青年人同在一线英勇奋战的广大疫情防控人员一道，不畏艰险、冲锋在前、舍生忘死，交出了合格答卷。广大青年用行动证明，新时代的中国青年是好样的，是堪当大任的！据了解，在4.2万多名驰援湖北的医护人员中，就有1.2万多名是“90后”，这些青年义无反顾，舍身往死，发扬奉献的精神，在抗疫第一线守护人民的健康。青年一代有理想、有本领、有担当，国家就有前途，民族就有希望。当代中国青年在艰苦奋斗中砥砺意志品质，用青春的汗水书写奉献的真谛，让青春在党和人民最需要的地方绽放绚丽之花。当代中国青年奉献精神推动了社会的发展，提高了青年的精神品质，提升了青年的思想境界。

向国际社会传播当代中国青年热于奉献的声音，为世界提供青年榜样的力量，更能让中国青年与国际青年交流合作，进行思想碰撞与融合，分享成长故事，发现共同兴趣成为好朋友、真朋友、知心朋友。当然，更能引起全世界人民的心理认同和认可，让当代中国青年在世界的舞台上有更大的作为。当前，中国的国际角色正在从跟随者成为引领者，从参与者成为塑造者。传播当代中国青年热于奉献的声音还能提升国家形象，在重大国际政治、经济议题上形成话语优势，为世界的发展做出更大贡献。

奋斗的青春最美丽，奉献的人生最出彩。在复杂多变的国际环境下，向国际社会传播当代中国青年在社会问题、民生、环保、就业、公益、科技、创新等领域的声音，充分展示青春才华和使命担当，充分展示青春温暖的希望力量，充分展示青春深厚的人文气息，是国家需要，是世界需要，是大势所趋。

中国青年应把握新时代内涵　共创健康中国

党的十八大以来，习近平总书记高度重视人民健康安全，多次在不同场合发表了一系列关于保障人民健康安全的重要论述，形成了内涵丰富的思想体系，从国家顶层设计上勾画了以人民为中心的健康中国蓝图，成为习近平新时代中国特色社会主义思想的重要组成部分。深入学习、深刻领会习近平总书记关于保障人民健康安全的重要论述，把握其主要特点、时代内涵及实践价值，对推动健康中国建设具有深远的意义。

习近平总书记关于保障人民健康安全的重要论述体现了中国共产党全心全意为人民服务的根本宗旨，体现了人民是推动发展的根本力量的唯物史观。人民健康是发展之本、国家之基。完善国民健康政策，为人民提供全方位全周期健康服务，满足人民多层次、多样化、个性化的健康需求，切实维护人民健康权益。

我国新冠肺炎疫情的防控，更加证明了习近平总书记关于保障人民健康安全的重要论述是科学的论述、人民的论述，更是知行合一的论述。在新时代，要深刻理解、全面贯彻习近平总书记关于保障人民健康安全的重要论述精神实质，以改革创新为动力，为人民创造出更多的健康福祉。要从大卫生、大健康高度出发，把人民健康置于优先发展战略位置，在政治、经济、社会、文化、生态文明发展全过程中进行全局性、战略性思考，制定国家整体解决方案，解决重大健康问题。

一、重要论述的主要特点

全面梳理习近平总书记关于保障人民健康安全的重要论述后可以看出，这些重要论述形成了完整的思想体系。这一思想体系有以下四个突出特点。

（一）体现马克思主义人民观

马克思主义人民观是社会主义事业发展重要的理论基础。中国共产党把为实现人民的平等自由作为使命。其近百年的奋斗历程就是马克思主义人民观中国化的具体体现。习近平总书记关于保障人民健康安全的重要论述体现了马克思主义以人民为中心的理论高度，具有深刻的辩证思维。党的十八大以来，习近平总书记用“三个根本”理论对马克思主义人民观进行了科学阐释，坚持为人民健康服务，把马克思主义人民观提升到了新的高度。

人民健康既是民生问题，也是社会政治问题。习近平总书记以党的初心和使命，旗帜鲜明地把人民健康事业作为发展的首要任务。其统揽全局的战略思维，完全展现了马克思主义人民至上的根本立场，体现了党和国家的政治路线。

面对突如其来的新冠肺炎疫情，习近平总书记对疫情防控高度重视，要求“各级党组织和广大党员干部必须牢记人民利益高于一切”，把人民健康福祉放在核心位置开展工作。在习近平总书记的亲自指挥下，全国上下一盘棋，各级政府依法采取疫情防控措施，为人民健康保驾护航。这充分体现了马克思主义人民观的核心，充分体现了习近平新时代中国特色社会主义思想理论“人民至上”的精髓，充分体现了党对人民健康高度负责的担当。

（二）汲取中华优秀传统文化

在五千多年的文明发展历程中，中华优秀传统文化为人类文明进步做出了巨大的贡献。中国共产党以中华优秀传统文化为基点团结带领全国各族人民走出了一条世界瞩目的中国特色社会主义道路，形成了中国特色社会主义理论体系。习近平总书记关于保障人民健康安全的重要论述作为中国特色社会主义理论体系重要组成部分，汲取中华优秀传统文化的精神价值并赋予其新的时代内涵，承载并发展了“大道之行，天下为公”的古朴社会理想，为中华民族的伟大复兴指明了方向。

孔子的“吾道一以贯之”的思想主张告诉我们，只有人民健康，国家才会发展得更好。习近平总书记关于保障人民健康安全的重要论述以科学的态度，把中华优秀传统文化与现代社会相结合，使“以人民健康为中心”的发展思想得到升华，极大地提升了中华民族的向心力和凝聚力。

习近平总书记关于保障人民健康安全的重要论述蕴含了“先天下之忧而忧，后天下之乐而乐”的思想内核，体现了中国精神和中国特色。新冠肺炎疫情发生后，党中央把人民健康摆在首位，全社会向上和向善的力量得到迸发。

（三）传承社会主义先进文化

从历史生成逻辑角度来看，社会主义先进文化植根于中华优秀传统文化、中国共产党革命文化，是中国特色社会主义伟大实践，是坚持以人民为中心、一切为人民服务的新文化范式。

社会主义先进文化是中华民族精神力量的来源，是中国共产党执政的核心价值。习近平总书记关于保障人民健康安全的重要论述传承了社会主义先进文化价值观。其主旨是以人民群众为本、树立人民群众至上，满足人民群众日益增长的多层次、多方面、多样化的健康需求，最终实现人的全面发展。

习近平总书记在党的十九大报告中强调，人民健康是民族昌盛和国家富强的重要标志，明确提出了实施健康中国战略，要求完善国民健康政策，为人民群众提供全方位全周期健康服务。习近平总书记关于保障人民健康安全的重要论述，对于保障人民健康、促进社会主义先进文化繁荣发展都具有重大的现实意义。

实践证明，习近平总书记关于保障人民健康安全的重要论述构建了国家治理体系和治理能力现代化的深厚精神支撑，阐明了“人民至上”是社会主义先进文化的价值立场。在新冠肺炎疫情防控中，全国人民遵循共同理想信念，紧紧团结在一起并广泛凝聚精神力量，举国上下同心同德抗击疫情，践行了社会主义核心价值观，体现了社会主义先进文化的优越性。

（四）蕴含从政实践经验

马克思主义哲学认为，实践决定认识，认识指导实践。坚持实践观，就是要崇尚实干精神。习近平从农村生产大队的书记到党和国家的最高领导人，历经村、县、地、市、省直至中央等诸多层级管理岗位，铸就了心系人民的博大情怀和崇高使命。习近平总书记关于保障人民健康安全的重要论述的形成与发展，与他丰富的从政实践经验密不可分。

7年知青经历让习近平经受了农村落后地区艰苦环境的考验，建立了同人民的血肉关系，一心为民的理念铭记于心。曾经和习近平一起在梁家河大队插队的王燕生说：“近平胸怀为民谋福利的抱负，这就决定了他所走的人生道路的不同。”习近平在梁家河“苦其心志、劳其筋骨、饿其体肤、空乏其身”的历练中孕育了以人民为中心的发展思想。

在河北正定，习近平以人民利益为宗旨，把人民健康摆在优先发展的战略地位来谋划，提出了不少新观点，实施了不少新举措，使正定的社会和经济得到了发展，让人民群众获得了切实的满足感和幸福感。中央财经大学马克思主义学院教授黄刚说：“习近平同志在正定的从政经历，饱含着他为人民的真挚情怀。”

习近平主政福州一心为民的执政作风给福建人民留下了深刻的记忆。时任福州市委副书记的方庆云回忆说，习近平心里有群众，从来不是光喊口号。在浙江和上海主政期间，习近平积极发展社会经济，改善民生，让人民得到了真正的实惠。

习近平总书记始终把人民至上作为治国理政的核心价值。2012年11月15日，党的十八届中央政治局委员与中外记者见面会上，刚刚当选总书记的习近平明确宣示：“人民对美好生活的向往就是我们的奋斗目标。”新冠肺炎疫情发生后，他始终把人民群众生命安全和身体健康放在第一位，充分体现了执政为民的理念和心系人民的情怀。正因为想人民之所想，习近平总书记关于保障人民健康安全的重要论述说到人民的心坎上，产生了感召人心的强大力量。

二、重要论述的时代内涵

（一）政治视角：人民健康是治国理政的基本属性

习近平总书记关于保障人民健康安全的重要论述丰富了马克思主义关

于社会主义生产目的和人的自由全面发展的论述的学说。马克思主义哲学指出，人民群众不仅是物质财富和精神财富的创造者，而且是社会变革的决定性力量。我国社会主义现代化发展要依靠人民群众推进和推动，这就要求我们党在治国理政中制定的各项政策要以人民健康为主。

习近平总书记关于保障人民健康安全的重要论述体现了治国理政的哲学智慧，闪烁着马克思主义哲学的光辉。他在十九大报告中明确提出了“实施健康中国战略”，强调“人民健康是民族昌盛和国家富强的重要标志”。以习近平同志为核心的党中央把维护人民健康作为治国理政的重要内容，通过实施一系列重大举措，人民看病难、看病贵的问题得到了有效解决。这些成果彰显了习近平总书记以人民为根本的治国理政思想。

习近平总书记多次强调，要把人民健康放在优先发展的战略地位，要始终把保护人民群众生命安全和身体健康放在第一位，把疫情防控作为头等大事。这充分体现了以习近平同志为核心的党中央治国理政的价值理念。

（二）经济视角：人民健康是经济发展的客观需求

人民是推动经济发展的基础条件。人民健康水平的高低直接影响着生产力发展。根据美国哈佛大学研究数据显示，亚洲经济之所以增长快速，有30%～40%来源于人民健康水平的提高。由此可见，人民健康拉动经济增长的作用明显。

根据马克思政治经济学的基本原理，健康是生产力。健康是引领经济发展新常态的动力，提高人民健康水平就是发展生产力。只有人健康了，劳动效率才会提高，就可以为经济发展做出贡献，为国家创造财富。人民是先进生产力的代表，是社会财富的创造者。因此，在社会主义的经济建设中，经济的发展离不开人民的健康。

坚持以人民为中心的发展思想，是马克思主义政治经济学的根本立场。习近平总书记关于保障人民健康安全的重要论述深刻地阐释了人民健康是经济社会发展的客观需求。人民是经济发展的推动者，经济发展是为了让人民过上美满的生活，人民健康和经济发展是和谐统一的关系。

人民健康是推动经济发展的原动力，是民族昌盛和国家富强的重要标志，也是新时期广大人民群众的共同追求。习近平总书记高瞻远瞩，非常重视人民健康工作，对实施“健康中国战略”做出了一系列重大部署，为我国的经济发展奠定了坚实的基础。

（三）社会视角：人民健康是全面建成小康社会的重要指标

人民健康是全面建成小康社会的重要指标。习近平总书记强调，没有全民健康，就没有全面小康。习近平总书记关于保障人民健康安全的重要论述思想内涵丰富，是马克思主义学说的体现，为我国实现小康社会的目标指明了方向。

身体健康是每个人成长和实现幸福生活的重要基础。在旧中国，中国人被诬蔑为“东亚病夫”。新中国成立后，党把增强人民体质作为根本任务，大力发展医疗事业，努力提高人民的身体素质，使人民健康水平日益达到小康水平。党的十八大以来，习近平总书记提出必须把人民健康放在优先发展的战略地位，树立大卫生、大健康理念，将健康融入所有政策。中国医学科学院医学信息研究所朱坤说，将健康融入所有政策，意味着让全社会共同关注健康。只有全民关注健康，我们的小康社会才会更有质量，人民的幸福感才会更高。

中国科学院院士曾益新说：“全民健康对全面小康具有基础性和关键

性作用。”树立大卫生、大健康思想，普及健康生活，完善健康保障，建设健康环境，加快推进健康中国建设，努力全方位、全周期保障人民健康是小康社会的基本要求。

（四）文化视角：人民健康是社会主义先进文化的重要主旨

社会主义先进文化就是为人民谋利益的文化。在《共产党宣言》中，马克思就曾庄严宣告：“过去的一切运动都是少数人的或者为少数人谋利益的运动，无产阶级的运动是绝大多数人的、为绝大多数人谋利益的独立的运动。”在社会主义先进文化的不断发展中，我们党始终保持着这一文化理念。

坚持人民利益至上是中国共产党的文化基因，是社会主义先进文化的宗旨，也是社会主义核心价值观体系的根本。党的十八大以来，以习近平同志为核心的党中央在治国理政新实践中，坚持人民利益至上的根本价值立场，推动社会主义先进文化建设迈上新台阶。

邓小平曾指出：“工人阶级的政党不是把人民群众当作自己的工具，而是自觉地认定自己是人民群众在特定的历史时期为完成特定的历史任务的一种工具。”①可以说，社会主义先进文化就是为了人民的一切，中国共产党存在的价值就是服务人民，让人民的幸福感显著增强。

习近平总书记心系人民，要求领导干部心中常思百姓疾苦，用心服务于人民，实现人民的利益和愿望。健康生活是人民幸福的根本保证，是人民最基本的愿望。因此，保障人民健康是人民利益至上的具体体现，是社会主义先进文化的重要主旨。

习近平总书记践行社会主义先进文化，始终深切了解人民所思所想，

---

①《邓小平文选》第1卷，人民出版社1994年版，第217页。

确保治国理政实践始终围绕民心民意来展开，切实维护人民的基本利益，保障人民健康。

（五）生态文明视角：人民健康是生态文明的充分体现

随着经济的发展，环境问题对人民群众身体健康带来的影响逐渐凸显出来，已日益成为我国重要的民生问题。习近平总书记指出："绿水青山不仅是金山银山，也是人民群众健康的重要保障。"[①]党的十八大以来，以习近平同志为核心的党中央高度重视生态文明建设，着眼人民福祉，以壮士断腕的决心打赢了生态文明攻坚战，维护了人民健康，得到了人民认可，开创了社会主义生态文明新时代。像保护眼睛一样保护生态环境，像对待生命一样对待生态环境，已成为社会共识。

保障人民健康，不仅要关注生活方式对健康的影响，更要关注自然环境、气候变化因素对健康的影响。众所周知，在良好的环境中生活，人们才会不生病、少生病，即便生了病，经救治后也能恢复好。如果环境不好，人们会易生大病和怪病，而且也不容易救治和康复。人民健康水平提高，证明生态文明建设好了，反之亦然。

人民健康是生态文明建设成果的充分体现。习近平总书记关于保障人民健康安全的重要论述深刻地阐述了加强生态文明建设的重大意义，充分发挥党的领导和我国社会主义制度能够集中力量办大事的政治优势，以人民健康为中心，解决生态环境问题，推动形成了人与自然和谐发展现代化建设新格局，让中华大地环境更优美，人民生活更加幸福。

---

①中共中央文献研究室编：《习近平关于社会主义生态文明建设论述摘编》，中央文献出版社 2017 年版，第 90 页。

三、重要论述的实践价值

（一）政治视角：有利于社会治理法治化

“法者，治之端也。”法治是规则之治。只有将法治作为社会治理现代化的核心内容，才能保证社会治理的科学性和稳定性。习近平总书记关于保障人民健康安全的重要论述以法治思维谋划社会治理，以法治方式协调各种社会利益关系，推动人民健康事业发展，有利于社会治理法治化。

法治社会建设是全面推进依法治国的重要组成部分。习近平总书记高度重视社会治理法治化建设，强化法律在维护群众利益中的权威地位，并指出“和谐社会本质上是法治社会”。新冠肺炎疫情发生后，习近平总书记强调，始终把人民群众生命安全和身体健康放在第一位，从立法、执法、司法、守法各环节发力，全面提高依法防控、依法治理能力，为疫情防控工作提供有力法治保障。我国政府依据《中华人民共和国传染病防治法》开展疫情防控，以法律保障人民健康，推动了社会治理法治化。

新形势下的社会治理更加突出法治思维和法治方式，提高社会治理领域各项工作的法治化程度。习近平总书记关于保障人民健康安全的重要论述以全新的思维阐释社会治理方式，强化政府的服务功能，提高了社会治理法治化水平，对我国法治社会建设具有重大的裨益。

（二）经济视角：有利于保障经济增长

健康是人全面发展的基础，是经济发展的第一资源。因此，以人民健康促进经济增长，既符合以人为本的发展目标，又可以促进经济转型升级。当前，我国经济正处于转型期，以人民健康促进经济增长，是一种既稳增长又调结构，既利当前又利长远的战略选择。

改革开放以来，经济增长提高了人民的生活水平，人民健康水平也显著提高。但是，亚健康、环境污染、食品药品安全引发的健康问题在增加，这无疑在一定程度上抑制了经济增长。对于我国这样的人口大国来说，如果不能持续维护和改善人口健康，那么会引起经济波动。习近平总书记关于保障人民健康安全的重要论述高屋建瓴地阐释并保障了人民健康的重要性，为促进国民经济持续稳定增长开出了良方。

新冠肺炎疫情牵动全球经济，疫情给中国经济带来的损失是不可避免的。清华产业转型顾问委员会主席黄奇帆表示，疫情已造成几万亿元人民币的经济损失。面对经济的损失，我国政府坚持正确的卫生与健康工作方针，牢牢把握人民健康至上的方向和目标，以新思路新方法拉动内需，促进经济发展。

针对新冠肺炎疫情，党中央陆续出台了一系列政策措施，促进经济向好发展，培育壮大新的增长点。这为大力发展以健康为向导的健康经济提供了契机。健康经济主要包括大量以改善健康为目的的健康管理、家庭健康护理、老年健康照顾、健康文化创意等健康服务业。大力发展健康经济，能够加速释放消费需求，创造就业，促进经济发展方式转变，实现经济增长提质增效。

（三）社会视角：有利于维护社会稳定

人民健康始终是社会可持续发展的首要前提。在建设社会主义现代化强国的伟大征程中，离不开人民健康的有力支撑。只有稳步实现人民健康，才能有效保障中国特色社会主义事业的长足发展，实现中华民族伟大复兴的中国梦。

民惟邦本，本固邦宁。人民健康是社会稳定的基石。拥有健康的人民意味着拥有更强大的社会可持续发展能力。如果人民健康水平低下，不仅人民生活水平受到重大影响，而且还会给社会带来不稳定因素。习近平总书记关于保障人民健康安全的重要论述以人民为中心，以健康为根本，把人民健康放在优先发展战略地位，体现了党中央对人民健康事业的高度重视，保障了人民健康，有利于维护社会稳定。

在新冠肺炎疫情期间，人民对健康的需要是迫切的。在党中央的领导下，整合社会资源，迅速启动了火神山医院、雷神山医院、方舱医院为病患提供及时的诊疗服务。中国红十字会、中国青少年发展基金会、中华少年儿童慈善救助基金会等社会组织依法依规，通过各种渠道向社会募集急需的救助物资。为了保护人民健康，我国政府依法依规启动了联防联控机制，成立了由国家卫健委牵头、32个部门组成的应对新冠肺炎疫情联防联控工作机制。这一系列的有力措施让广大人民群众享受到了公平可及的健康服务，体现了社会的和谐。

（四）文化视角：有利于提升人民健康意识

人民健康文化观念不只是生活方式，更是一种精神价值。习近平总书记关于保障人民健康安全的重要论述非常重视社会主义核心价值观的弘扬，通过文化倡导健康文明的生活方式，树立大卫生、大健康的观念，从而提升人民健康意识，凝聚中国精神、中国力量。

新冠肺炎疫情发生后，我国政府依法公开信息，客观报道防控措施，科学宣传疫情防护知识。这些积极主动的宣传，有效遏制潜在谣言传播的同时，更提升了人民健康意识。大家不出门、不聚餐，不传谣，形成了我为人人健康、人人为我健康的良好氛围。中央文明办发出了《关于在打赢疫情防控阻击战中有针对性地开展精神文明教育的通知》，要求各级政府和社区积极引导广大人民群众提高自我保护能力，增强健康意识。以北京市某社区为例，社区工作人员带领民众通过悬挂标语、发放宣传册等方式宣传疫情防控等知识。同时，还制作了图片、文字、小视频等载体在网络上推广不吃野生动物、不搞大型聚餐、讲究个人卫生等健康生活方式。这些多形式、多角度、全方位的文化宣传不仅增强了人们的健康意识，更有效地控制了疫情的蔓延。

疫情发生以来，习近平总书记发表了一系列重要讲话，进一步丰富发展了关于保障人民健康安全的重要论述，为人民健康意识的提升提供了基本指导。

（五）生态文明视角：有利于解决突出的环境问题

良好的生态环境是人类生存与健康的基础。习近平总书记关于保障人民健康安全的重要论述按照绿色发展理念，从党和国家事业发展全局出发，明确提出了加强生态文明建设必须坚持的重要原则。这有利于解决影响人民群众健康的突出环境问题，如空气、土壤、水污染等。

新冠肺炎疫情使环境保护被社会关注。在党中央的部署下，各级政府以人民健康为中心，贯彻实施“将健康融入所有政策”，落实部门联防联控措施，重点加强与群众健康密切相关的饮用水、空气、食品、医疗废弃物、土壤等环境健康影响监测与评价，建立环境与健康调查、监测与风险评估制度，有效保障民众的生态环境质量知情权，并加大破坏环境的惩罚力度，积极采取有效措施防控疫情，切实解决影响人民健康的突出问题。

生态环境部办公厅发出了《关于做好新型冠状病毒感染的肺炎疫情医

疗废物环境管理工作的通知》和《关于做好应对新型冠状病毒感染肺炎疫情生态环境应急监测工作的通知》，指导各级政府疫情防控的环境保护工作。山西省环境保护厅在疫情发生后立即制定和完善应急生态环境监测预案，并和省卫生健康委建立信息沟通机制，和各市生态环境局建立联动机制，及时指导各市医疗废物处置和环境检测工作。

党的十八大以来，我国生态环境保护工作取得的历史性成就。习近平总书记对加强生态环境保护做出了全面部署。保护生态环境是建设生态文明、解决突出环境问题的根本遵循。这对保障人民健康具有重大的现实意义。

习近平总书记关于保障人民健康安全的重要论述是习近平新时代中国特色社会主义思想的重要组成部分，为推进新时代人民健康事业提供了理论指导和行动指南。

不忘初心。中国共产党人的初心，就是为中国人民谋幸福。习近平总书记关于保障人民健康安全的重要论述以人民健康为中心，聚焦于全力推进健康中国建设，彰显了新时代中国共产党人的初心和使命。

党的十八大以来，在习近平总书记关于保障人民健康安全的重要论述的指导下，我国人民健康水平显著提高，特别是新冠肺炎疫情发生以来，经过艰苦卓绝的努力，全国疫情防控阻击战取得重大战略成果。我们唯有不断树牢“四个意识”，继续毫不动摇地坚持以习近平总书记关于保障人民健康安全的重要论述为指导，才能进一步提高人民健康的水平，为实现中华民族伟大复兴提供强有力理论支撑。

中国青年同心同行战“疫” 彰显时代担当

中国青年是具有深厚家国情怀和社会担当的青年。张骞年轻时开辟了丝绸之路，陈望道29岁翻译了《共产党宣言》……习近平总书记指出：“青年是整个社会力量中最积极、最有生气的力量，国家的希望在青年，民族的未来在青年。”①在新时代，中国青年更有所为更有作为，既面临着难得的建功立业机遇，也面临着“天将降大任于斯人”的时代使命。

苏格拉底曾说：“最优秀的人就是你自己。”面对这场突如其来的新冠肺炎疫情，青年们发挥主力军作用，筑起了防疫青春长城。疫情就是命令，防控就是责任。青年建设者们与时间赛跑，以责任与情怀迅速建设完成雷神山医院、火神山医院、方舱医院，为打赢疫情防控阻击战提供了坚强保障。外国网友对此大加赞叹：“中国人总是在创造奇迹。”青年突击队队员们吃住在工地，面对困难没有人叫苦叫累，有时方便面就顶一顿饭。大家都说，国是千万家，家是最小国，能为疫情防控做贡献，再苦再累都是值得的。年仅19岁的“00后”大学生徐卓立是雷神山医院建设者之一，他参与医院设备安装工作。面对每天艰巨的任务，他说：“一咬牙，一跺脚，也便坚持下来了。”

疫情到来时，医生就是战士。在医院里，这些白衣战士和患者朝夕

①习近平：《在纪念五四运动100周年大会上的讲话》，《人民日报》2019年5月1日。

相处，顶着被感染的风险和大量的工作，用医者仁心陪伴大家战胜病魔。1997年出生的护士伏雨佳说，由于在前线抗疫太累，没有及时和家人联系，她的妈妈在手机旁一等就是一天。这些医护人员的坚守，给人们注入了温暖的力量。然而，人有情，疫无情。年仅29岁的彭银华医生因感染病毒永远地离开了我们，他的抽屉里还放着待发给亲友的结婚请柬。还有年仅29岁的夏思思医生也因感染离世，她2岁的儿子还不知情，令人泪目……已有多名可敬的医护人员因疫情离世。这些可敬可爱的医护人员，前仆后继，用命跟死神过手，诠释了无私奉献的精神。

人民有难，军人当先。全军部队特别是医疗工作者坚决贯彻落实习近平总书记重要指示，与全国人民风雨同舟，共克时艰，在这场没有硝烟的战斗中，敢打硬仗，坚决打赢疫情防控阻击战。海军军医大学医疗队的“90后”女护士们，平均年龄只有25岁。一名护士说：“虽然年轻，但我们经验丰富。”空军军医大学医疗队队员梅春丽因为长时间穿戴防护服和口罩，她的脸上被勒出了深深的印痕。对此网友赞叹：这是最美的脸，脸上的印痕有多深，爱就有多深！

疫情当前，警民同心。守护就是使命！面对使命，青年民警不计得失，不辞辛劳。他们摸排基础人员，严把交通枢纽，处置突发事件，守护民众安全底线。北京民警傅天雷深夜开车护送抗击疫情的医护人员回到住处后，又继续投入到巡逻工作中。他说：“黑夜里，警灯不断闪烁，那是群众最安全最温暖的灯光。”

党旗所指团旗所向。在团中央的号召下，各级团组织成立的一支支青年突击队迅速集结。中石化销售华中调控中心10名“90后”青年突击队员为了保障油品供应，扛起疫区油品调度重任；付煤公司成立了一个由21名团员组成的青年突击队，他们保障食品供应，让居民购物“零负担”……这些青年不畏危险，奔忙在医疗救护、城乡社区、运行保障等抗疫一线，彰显了青春与担当。习近平总书记强调，社区是疫情联防联控的第一线，也是外防输入、内防扩散最有效的防线。把社区这道防线守住，就能有效切断疫情扩散蔓延的渠道。根据疫情防控部署，青年们积极加入社区志愿者队伍，配合做好进出社区人员登记排查、体温检测、宣传服务等疫情防控服务工作。中国石油大学学生社区志愿者胡明禹早上8点站岗到下午5点，一天体温检测登记上千人，只有中午1小时吃饭的时间可以上厕所，稍微休息会儿。如胡同学这样的疫情防控“战斗员”，以担当的精神在全国各地街道和社区坚守，构建了联防联控的人民防线。

青年志愿者们还运用新媒体的方式对民众进行法治宣传，因为这不仅能有效提升民众自我防范意识，还可以增强社会信心。例如，北京海淀区某社区，在社区工作人员的配合和支持下，青年志愿者们制作图片、文字、小视频等各种作品，通过微信、微博等网络平台进行法治宣传，让人们树立宪法信仰，践行宪法精神，引导民众不信谣、不传谣、不造谣，为依法防控疫情营造良好氛围。“勿以善小而不为，勿以恶小而为之。”一件小事也能折射出一个人的思想境界。青年志愿者们用实际行动在防疫一线做出表率，以“逆行者”的坚毅姿态，让人生发光发热，为疫情防控贡献着青春力量。

相知无远近，万里尚为邻。中国防控疫情的进展，也牵动着世界。这次疫情防控，体现了中国青年的大格局与大担当。青年们通过社交媒体积极和国际青年联系交流，分享疫情防控经验。我们看到中国女孩在日本东京街头免费为路人发口罩；我们看到大学生志愿者通过“在华留学生第二课堂”平台为国际青年讲授疫情防控知识；我们看到中外青年艺术家共创抗“疫”海报……对此，国际社会给予了高度赞誉。联合国秘书长青年特使贾亚特玛·维克拉马纳亚克对中国青年在抗击新冠肺炎疫情中表现出来的责任感和行动力给予高度赞赏:“我们同中国青年站在一起!”并号召世界青年与中国青年一起行动起来，共同战胜疫情。

在党中央的领导下，各行各业的青年们都用自己的方式贡献着力量，并汇聚了战“疫”的强大能量。如图2-7所示，青年志愿者们用实际行动告诉我们，科学防控，从自身做起，疫情终将过去。一个时代的精神是青年代表的精神，一个时代的性格是青春代表的性格。重温百年历史，以爱国主义为核心的五四精神让人身心振奋。作为新时代的新青年，担负时代使命，同心同行战“疫”，这就是中国青年的模样!

图2-7　中国青年志愿者参加中国红十字基金会主办的“救在身边·问候你我”公益活动

03

知行合一

Zhi Xing He Yi

传播中华优秀传统文化　提升核心竞争力

在习近平新时代中国特色社会主义思想的指导下，向国际青年传播中华优秀传统文化提升了国际青年交流工作的核心竞争实力，促进了“一带一路”沿线国家的民心相通，推动了构建人类命运共同体。

互联网的发展加快了从传统的纯线下国际青年交流形态进化升级到线上线下相结合新形态时代的到来。特别在新冠肺炎疫情发生后，通过线上开展国际青年交流工作是必要的选择，其重要性尤为凸显。

因此，在国际青年交流工作要把握机遇、深挖潜力、勇于创新，探索出一个新方法和新方式，把中华优秀传统文化传播到世界的每一个角落，为人类的文明发展做出贡献。

一、传播中华优秀传统文化的机遇

一滴水只有汇入海洋才能获得永久的生命，一种文化只有融入世界大家庭才能得到永续发展。我国古代就非常重视文化的传播，据正史记载，公元前138年和公元前119年汉武帝派遣张骞两次出使西域，公元166年我国就同欧洲建立了直接往来的关系。欧洲启蒙运动者们接触到儒家学说以后，被孔子伦理道德的主张和重视教育的思想强烈吸引，力求为己所用；

唐玄宗时，大和尚鉴真历经磨难六渡日本；公元1405年郑和第一次下西洋……公元1905年清政府宣布废除科举制度，此后我国和世界的交流更为频繁，中西文化的交流与融合不断促进着社会的发展。据载，马克思主义最早就是通过日本刊物得知的。这些先贤用智慧和生命使中华优秀传统文化走向世界，在不同文化的交流、碰撞、融合中推进人类文明的进步。

新时代，我国正在以人类命运共同体的视角，不断主动与世界各国交流共享发展成果，充满历史底蕴的中华优秀传统文化更具有国际传播的思想价值和感召力。“一带一路”倡议为构建全方位、多层次向国际青年传播中华优秀传统文化、讲好中国故事、传播好中国声音提供了机遇。英国牛津大学历史教授彼得·弗兰科潘说，“一带一路”倡议为中华优秀传统文化的对外传播提供了前所未有的历史新机遇。

文化兴国运兴。传播中华优秀传统文化是为促进世界更多的国家和地区在文化的互动与融合中得到滋养和影响，从而给人类带来福祉。面对机遇，应站在世界发展的格局上，以大视野大作为的思维方式，探索传播中华优秀传统文化的创新方式，为国际青年的发展助力。

新冠肺炎疫情这只“黑天鹅”突然来袭，向世界人民展现了我们中华优秀传统文化的独特魅力。我国人民众志成城、齐心协力抗击疫情，取得了良好的效果。世卫组织总干事谭德塞称，中国为世界防控疫情赢得了时间。然而，西方有些国家却对我国的抗疫成果不断指责。面对非理智的指责，我国没有放弃对每个生命的尊重，以中华优秀传统文化的仁爱和包容精神，积极向国际社会捐款捐物。面对形势严峻的疫情，我国留学生常宋泽自费购买口罩，在英国超市和街头为老人派发。还有中国女孩曾颖在日本街头为民众免费发口罩……这些事例就是中华优秀传统文化的具体体现。

二、传播中华优秀传统文化的现实基础

互联网作为一种新的传播媒介和开放创新的平台，以其传输快捷、交互性强、覆盖面广、形式多元的特性拓展了中华优秀传统文化向国际青年传播的新境界。

青年人在互联网上传播自己国家的文化，在互联网上积极发声，分享文化观点，不断形成新的文化创新。世界青年大会秘书长伊迪奥拉·帕斯霍拉里也表达了相同的看法。他认为，网络空间是一个命运共同体，世界青年由此而相连。据统计，全球约60%的人已经联网，18岁以下的儿童和青少年约占全球互联网用户的三分之一。这为运用互联网传播中华优秀传统文化提供了现实的基础。

目前，在推进国际青年文化的对话与交流过程中，互联网起到了重要的作用。青年突破地域限制，在互联网上探讨国际问题，分享自己的观点，建立彼此的友谊。例如，新冠肺炎疫情期间，国际青年通过互联网联络互相支持、互相理解；通过互联网募集抗疫物资，呵护人民的生命健康；通过互联网视频、微博等形式普及防疫知识。

三、传播中华优秀传统文化的关键因素

（一）现代管理理念

运用互联网传播中华优秀传统文化，凝聚和服务更多的国际青年，现代的管理理念不可或缺。管理既要有继承，更需要创新。互联网传播平台

是个复杂的系统，需要不断地管理创新才能与时俱进。在管理理念上不能完全套用西方的模式，要挖掘自身的优势，借鉴西方的管理理念，形成独特的管理方式。

以北京国际青年研修学院（IYU）建立的在线学习网络平台为例。该学院采用微信公号、App 等多元方式结合传统文化思想对国际青年学员进行寓教于乐的管理，产生了良好的效果。每次课程前通过微信语音电话协调上课老师时间，安排授课时间表；结合钉钉 App 的使用，每次上课打卡签到，规范管理。在课程后，召开电话会议对课程内容和网络平台的优化等问题进行线上讨论。

互联网在管理实践中的应用是文化价值和生命力的体现。这种与人为本的管理模式，在现代社会科学先进成果的基础上，充分运用中华优秀传统文化智慧，达到了事半功倍的效果。

（二）人才队伍建设

人才已成为体现世界各国综合国力的核心内容。很多国家特别是发达国家非常重视人才的培养和引进，包括采取扩大留学生规模等措施千方百计吸引人才。面对如何运用互联网传播好中华优秀传统文化的问题，我们应以更大力度培养和吸引集聚具有传统文化和国际思维相结合的优秀人才。

运用互联网传播中华优秀传统文化是个综合性、系统性的工作，不仅需要懂互联网，还要懂传统文化，更是特别要懂国际青年交流相关事宜，这就对人才的综合素质提出了更高的要求。中国本身就具有优秀传统文化，中国青年经过本科、硕士甚至博士的系统学习，对优秀传统文化的掌握与理解是没有问题的，但在互联网思维和国际视野方面还有待提升。

基于此，国家相关部委要在“顶层设计”上制订人才培养计划，让更多的中国青年人才走向国际舞台，参与国际事务，培养国际思维，提高讲好中国故事的能力与水平，例如定期派遣从事传播中华优秀传统文化的工作人员到国外交流培训。

“家有梧桐树，引得凤凰来。”我们要聚天下英才而用之，在人才引进制度方面也要下狠功夫。我们应创造良好的软环境在国际上吸引对中华优秀传统文化感兴趣并有一定功底的人才，通过思维的碰撞，对传播中华优秀传统文化会有良好的促进作用。另外，也要加大国外留学生的引流力度。在运用互联网引进人才方面，北京国际青年研修学院开展的线上海外归国留学人员实习和培训计划项目是较好的措施。在海外的留学生在线上就可以参与到传播中华优秀传统文化的具体工作中来，优化了人才队伍的结构。

（三）系统构建新媒体宣传渠道

新媒体作为“第五媒体”在国际政治、经济、社会、文化等各领域的辐射作用明显提升，对人们思想、生活等方面的影响日益深入，特别对青少年的影响很大。以往我们传播中华优秀传统文化方式单一，很难吸引国际青年主动参与。

在新形势下，我们要转变思路，在讲好中国故事的基础上，不断利用新媒体等方式全方位地拓展海外传播渠道。据《中国国家形象全球调查报告》显示，有51%的海外受众倾向于通过新媒体了解中国文化。特别是青少年，更习惯于通过新媒体获取中国信息。

系统构建新媒体宣传渠道，更能有效传播中华优秀传统文化，提升覆盖面和影响力。《管子·霸言》载：“圣人能辅时，不能违时。智者善谋，不如当时。”新冠肺炎疫情发生后，我国人民众志成城，出现了诸多具有社会正能量的事例。我们可以利用这个机会，将这些正能量故事放在QQ空间、网络直播、微信、抖音、快手、B站（哔哩哔哩）等青少年聚集的网络平台上发布，通过互联网的快速传播使每个人可以同时间分享与互动，传播中国人民的精神，传播仁爱等中华优秀传统文化思想。

四、传播中华优秀传统文化的意义

（一）讲好中国故事和传播中国声音

20世纪90年代，约瑟夫·奈提出了软实力的概念，该理论是指“一个国家在世界政治中可能会得到预期成果，这是因为其他国家欣赏它的价值观、效仿它的案例，希望能够达到它的开放与繁荣程度，并愿意追随它”。这为全球化背景下的国际文化传播提供了新的方向。然而，仍然有些西方国家秉持零和式的哲学观，片面地强调文化的差异，对其他文化成见较大，对共建共享共赢文化理念持有怀疑态度。基于这种情况，我们应该把向国际青年传播中华优秀传统文化作为重要的任务和使命。

青年人创造力和包容性强，有事业心和成就感，视野开阔更容易接纳新鲜文化。通过向这些具有不同文化背景的国际青年传播中华优秀传统文化，讲好中国故事，传播中国声音，更能得到文化认同，促进文化的交流与融合，提升中华优秀传统文化的内生力。通过中华优秀文化的传播，把我国治国理政的宏大事业、人民为实现中国梦想而奋斗的精神、坚持合作共赢和平发展理念等分享给国际青年，从而推动青年们走向更多元的文化理解和文化共识。

（二）提升我国国家形象

国家形象主要是指一个国家在国际舆论中所形成的形象，即他人的认同与认可。国家形象是在一定的文化背景下理解的，不是本国自我决定的，而是必须得到国际社会的认可，而这种认可又深深植根于认知主体的文化结构。目前，我国的国家形象一直被西方某些国家误解。例如，新冠肺炎疫情期间，某些西方国家对我国形象进行无端抹黑。

反思这种误解现象，虽然不乏国家利益之争，但文化交流障碍也是重要因素之一。借此，我们要加深和世界的文化交流与融合，向世界清晰地传达我们的思想，塑造正面的国家形象。在这一过程中，通过中华优秀传统文化的传播，让国际青年更懂得中国思想、中国智慧、中国方案，提升我国国际形象。实践表明，向国际重点青年传播中华优秀传统文化是关键，他们的行为和思想直接影响到本国的青年，通过他们正能量的交流能引领全球青年更深刻理解世界国家间相互依存的意义，对我国国家形象的提升有重大裨益。

中华优秀传统文化具有融合性和亲和性。我们可以通过中华美食、茶道、中医、书画等活动交流，加大国际青年对我国文化认识的广度和深度，培养更多“知华、友华、爱华、挺华”的国际友好人士，树立具有国际担当的大国形象。

（三）让中华优秀传统文化更具有生命力

兼容并蓄的中华优秀传统文化是当代治国理政的智慧之源。我们要不断为其注入新时代内涵及世界文化元素，使之更加符合社会主义先进文化的内在要求。

不论是年轻时便通使西域的张骞，还是34岁下西洋的郑和，他们都有力促进了中华优秀传统文化的对外交流与发展。历史经验证明，只有加大国际交流才能实现文化的融合。在全球化的今天，中华传统文化的发展更需要同多种世界文明展开碰撞、交流，这样才能拥有更加自信的视野，取长补短、放弃自身狭隘的理念，融合世界各国的优势，不断夯实合作共赢的基点，使中华优秀传统文化在与世界文化的交流中生命力不断得到增强。

习近平总书记提出："没有高度的文化自信，没有文化的繁荣兴盛，就没有中华民族伟大复兴。"①通过科学创新的模式向国际青年传播中华优秀传统文化，讲好富有感染力的中国故事，更能融通中外文化传播，在交流互鉴中推动不同文化的良性互动，从而繁荣中华优秀传统文化，使其更具有生命力。

五、传播中华优秀传统文化的核心要义

（一）传播内容要具有文化价值

中华优秀传统文化作为一种文化形态，蕴含了民族情怀与记忆。具有凝聚、兼容和经世致用内容价值的中华优秀传统文化，使我国文化成为四大文明古国中唯一不间断留存的文化主体。我们要淬炼中华优秀传统文化的精髓，以高质量的内容向国际青年推广中国古老优秀文化的理念和价值。

在传播中华优秀传统文化时要基于文化思想和资源上的解读，抓住文化的本真，挖掘文化的价值，这点我们要深刻领悟并实践。只有具有文化

---

①习近平：《决胜全面建成小康社会　夺取新时代中国特色社会主义伟大胜利》，《人民日报》2017年10月28日。

价值的内容，才能更好地影响国际青年并被他们接受。我们以互联网为平台，以社会主义核心价值观为引领，根据国际青年思想认识和兴趣特点，运用他们喜闻乐见的网络语言、形式，将中华优秀传统文化的内容价值传播给他们，提升他们对中国文化价值的认同。

（二）传播内容要具有文化内涵

“文化内涵”一般表述为主体具有广泛的知识并能将之活学活用，同时兼顾内心的精神和修养。中华优秀传统文化博大精深、内容丰富，例如书画、武术、音乐、美食、茶道、禅道等。在传播方面，我们需要以科学、客观的态度深挖其内涵，涵养国际青年的精神世界。同时，结合国际青年不同的文化背景，不断赋予新时代内涵，推陈出新，增强其影响力和感召力。

例如，我们挖掘孔子的“仁爱”思想，向国际青年讲好中国以仁爱包容的治国观念。在文化上，我们坚持平等交流的原则，各国文化在坚持特色的基础上兼容并蓄和谐发展。在政治上，我们采用和平手段解决问题，以仁爱的思想互相理解与支持。面对西方某些国家的一些极端思维，我们可以挖掘“己所不欲勿施于人”的内涵和国际青年进行沟通交流，大家一视同仁、和平相处才是正道。

挖掘中华美食的文化内涵，对于国际青年更具有感召力。北京国际青年研修学院通过“友谊厨房”向国际青年传播中华美食文化，拉近了青年之间的距离，增进了彼此的感情和友谊。学院组织人才队伍，深入挖掘美食内涵，给每道菜都取了名字，例如菜名为“长长久久”的拔丝地瓜。另外，国际青年通过互相学习包饺子等形式更加理解了我国兼容并蓄的思想。

中华优秀传统文化是世界文明发展的重要组成部分，其内涵决定了世界性与民族性的统一。通过互联网等方式让世界更多的青年形成互动，在交流中大家懂得了中华优秀传统文化的内涵价值。

（三）传播内容要具有文化品牌

辩证思维就是要抓住关键和重点。传播中华优秀传统文化在重视内容价值和内涵的同时，要抓住重点方向形成文化品牌。具有五千多年文化传承的中华优秀传统文化源远流长，是文化品牌的灵魂，我们要分析重点文化元素使之更好地与国际文化相融合，打造中国特色国际知名的文化品牌。

尼采说过："当婴儿第一次站起来的时候，你会发现，使他站起来的不是他的肢体，而是他的头脑。"品牌是文化的头脑。目前，我国传播优秀传统文化品牌效应不明显，真正意义上的文化宣传品牌格局尚未形成。

在国际青年交流中，我们要打造文化品牌，让品牌的力量去影响更多的国际青年，从而培养他们对我国文化的认同与认可，提升我国文化的软实力。在文化品牌建设方面，北京国际青年研修学院的"在华留学生第二课堂"项目已经在国际青年中形成了品牌。该项目通过让在华留学生学习中国文化课，既能满足学生对中国文化的好奇，还能使学生多维度、全方位地接触和感知中国优秀传统文化的精髓和魅力。2019年，共有2550名在华留学生学员参加了学院组织的培训、研修、国际文化交流和体验等项目和活动学习，在国际青年中形成了一定的品牌影响力。新冠肺炎疫情期间，学院为了更好地服务广大在华留学生，开展了线上"在华留学生第二课堂"，使品牌得到了进一步提升。

文化品牌建设不能一蹴而就，需要长期的建设和维护。在人类命运共同体的今天，把中华优秀传统文化传播到五湖四海树立品牌更为重要。基于此，我们应积极与政府部门沟通，争取在资金和政策上对向国际青年传播中华优秀传统文化事业给予更大的支持和倾斜，使中国文化的品牌在世界上更有影响力。

六、“互联网＋内容”更具有力量

如前所述，互联网很重要，内容也很重要。本人认为，两者加在一起彼此增加动能和势能对传播中华优秀传统文化更有力量，能达到更好的传播效果。

在文化内容传播上，世界各国都在探索新方式。例如，大英博物馆设计古希腊雕塑的AR增强现实软件《雅典娜的礼物》，泰特博物馆的艺术品收集App等。在这方面，我国也进行了积极的探索，运用多媒体高科技实现的《清明上河图3.0》展演，让国际友人体验了“一朝步入画卷，一日梦回千年”的感受。

因此，我们在运用互联网传播中华优秀传统文化的同时，选择好的内容，形成合力是有效的选择。传播中华优秀传统文化要使“文”能够在更大范围、更深程度上“化”人。运用好互联网等各类传播平台，文化内容会插上高飞远行的翅膀，传播到更远、更多的地方，深入国际青年的脑与心，增加彼此的感情与友谊。

为了更好地传播中华优秀传统文化，北京国际青年研修学院积极搭建各种国际青年交流平台让更多的中国青年与世界青年互动。学院开设了网上“青年之家”，在网上开展中华优秀传统文化直播等。通过互联网加内容的模式，为国际青年开阔了视野，使中华优秀传统文化的传播更扎实、更远、更深。

国际青年交流是一项高尚的事业。我们要以大胸怀、大格局、大担当做好这份事业，采取多种方式传播中华优秀传统文化，为讲好中国故事、传播中国声音做出贡献。

本人认为，在传播中华优秀传统文化过程中，运用好互联网很重要。当然内容也非常重要，有价值、有内涵、有品牌的内容更能引起国际青年的兴趣从而主动参与。在实践中，我们深知互联网加内容的有机结合，是让中华优秀传统文化传播更有力量的方式。

成风化人、凝心聚力。新冠肺炎疫情的发生，某些西方国家和个人还秉持冷战观点，对文化融合发展持有一定的怀疑态度。这也提醒我们向国际青年加大传播中华优秀传统文化力度和广度的必要性。在多元的世界，如何更好地运用互联网让中华优秀传统文化影响力更大、中国故事更有感染力，是我们做好国际青年交流工作的一个重要课题和挑战。

青年是民相亲的关键

青年是推动社会前进最活跃的力量。中国共产党始终注重发挥青年在国家建设中的作用，始终高度重视青年工作，鼓励青年不仅要有国家担当，还要有世界担当，成为为世界人民谋幸福的贡献者。1957年，毛泽东在莫斯科演讲时对青年人说，世界是你们的，也是我们的，但归根结底是你们的。你们青年人朝气蓬勃，正在兴旺时期，好像早晨八九点钟的太阳。希望寄托在你们身上。这说明，我们党和国家领导人非常重视青年，把希望寄托在青年身上。改革开放以来，党和国家领导人以不同的形式都对青年提出了殷切希望，希望他们走向世界的舞台为国家和社会拼搏努力，实现人生价值。党的十九大报告强调“青年兴则国家兴，青年强则国家强”。这充分体现了党中央和习近平总书记对青年的高度重视和亲切关怀，也体现了青年世界担当的殷切期望。

青年最富有朝气，最富有梦想，是世界的未来，也是民相亲的关键。时代在发展，在资讯如此发达的今天世界各国的民众需要互相了解扩大交流，了解彼此的文化并促进友谊合作，共同过好幸福美好的日子。青年之间的交流互动使世界人民加深了了解，增进了友谊，促进了合作。习近平总书记高度重视青年在全球治理中的重要地位，多次强调青年在国家沟通交流中的桥梁与纽带作用，勉励全球青年为构建人类命运共同体做出应有的贡献。

国之交在于民相亲，而民相亲关键在青年。青年思想活泼，容易接受新鲜事物，在互动交流中更容易成为朋友，从而播种友谊，推动国际间的深化合作。在互联网时代，国际青年运用互联网以青春之名促进世界各国友好相处，他们在微信、脸书等新媒体上分享有趣的故事。例如，来自俄罗斯的大卫在北京留学时，每天在微信上用短音频分享他在中国的所见所闻；来自非洲的留学生在微信上分享中国的美食；越来越多的在华留学生分享《琅琊榜》里的“靖王”……国际青年用年轻人特有的方式，主动走近彼此并了解对方，从相遇、相知逐渐到成为好朋友（见图3–1）。

全球青年有理想、有担当，人类就有希望，推进人类和平与发展的崇高事业就有源源不断的强大力量。青年始终是人类社会发展中最积极、最活跃、最有朝气的重要力量，是人类文明融合发展的有生力量。青年作为

图 3-1　在华留学生展示汉字书法作品

世界未来的重要力量，以多种方式扩大他们之间的交流，定能使青年走得近些，彼此了解得多些，让心与心贴得更近些，在共同的事业中形成同频共振。

在全球化的今天，世界各国青年只要志存高远，脚踏实地，齐心协力，美好的青春一定能够在实现世界和平发展的进程中绽放出更加绚丽夺目的光彩，为世界人民的相亲相爱贡献力量与智慧。在世界文明的史册中，必将记载青年勇于奉献的光荣和砥砺奋进的豪情。

一、国际青年交流促进文化融合

在我国古代就非常重视国际交流。据正史记载，随着社会经济的发展，我国古代与世界各国的交流越来越频繁，在互动中促进了彼此文化的融合与发展。

在国际交流中，青年交流发挥了重要的作用。公元前138年、公元前119年，汉武帝两次派遣张骞出使西域，开拓了通往中东和欧洲通道的世界著名的“丝绸之路”。该条重要通道沟通了东西方的交通，促进了中外经济文化的交流与共同发展，是人类历史上标志性的事件。西汉中后期，“海上丝绸之路”因汉朝廷派大量的年轻人远航直抵东南亚和南亚而得以建立。在以后的历史发展来看，我国不断有怀着梦想的年轻使者前行在经贸文化繁荣的丝绸之路上，绘画了中外交流的盛景。公元166年，我国就同欧洲建立了直接往来的关系，大秦安敦王朝派遣使者来到东汉提供了佐证。公元440—450年间北魏朝廷派遣使者韩羊皮出使波斯进行交流，公元455年波斯国首次遣使到南朝交流。

我国唐代更是以博大的胸怀，积极与世界沟通、大量吸收外来文化，使之与中国文化融合。唐朝贞观年间，日本有多批遣唐使和留学生来到唐朝进行学习交流。唐玄宗时，大和尚鉴真历经磨难六渡日本，以智慧和生命对促进中日两国文化交流做出了重要的贡献。时年34岁左右的郑和于1405年第一次下西洋。他七次下西洋对我国和世界的经济文化交往起到了积极作用。根据白寿彝先生主编的《中国通史》载，郑和出使远航增强了中国同亚非各国的友好交往和经济文化的交流。对于郑和的伟大创举，孙中山也给予了高度评价。1905年，辛亥革命废除科举制后，我国在各地设立的学堂大都聘任日本人任教师，为了学习先进的科学文化而赴日留学的青年更是不计其数。

国际交流是双向的，我国古代的这些先驱者们以智慧和生命把中华文化带到世界各地的同时，也把先进的世界文化带回来促进我国文化的繁荣与发展。

历史的车轮滚滚前行。在改革开放后，我国国际青年交流在马克思主义理论指导下呈现了日益生动的局面。在党中央的大力支持下，建立了与世界各国政府、政党等青年组织的联系交往。在交往人员上呈现了多样化的特点，开展了包括国会议员、青年国际组织领导人在内的各界人士对话与交流活动。作为党的后备军，共青团组织更是发挥了国际青年交流的独特优势，积极与世界各国和各种类型的青年机构建立了不同形式的交流合作关系，逐步形成了一个全方位、多渠道、宽领域、深层次的国际青年交流新格局。

1984年，党中央根据“着眼于人民、着眼于未来”的精神，邀请了3000名日本青年来我国访问。该活动正值改革开放初期，大约上亿青年每天通过电视观看实况，这对我国青年如何同外国青年交朋友、建立友谊，产生了一次深刻的教育。1985年，中国青年代表团56个民族的青年共504

人参与“中国青年访日友好之船”项目，回访了日本。随着改革开放的深入，我国与美国、俄罗斯、印度等国也开展了国际青年交流活动。

在新时代，我国国际青年交流事业呈现蓬勃发展之势。国际青年交流是构建人类命运共同体十分重要的一环。习近平主席一直关注中外青年之间的学习与沟通，并多次在外交场合表示民相亲关键在于青年之间的交往。

在“一带一路”倡议下，我国在创新创业、文化交流、项目合作等方面开展了丰富多彩的国际青年交流活动，取得了一定的成效，得到了国际青年组织和青年的广泛赞誉。例如，以“团结、友谊、合作”为主题的亚非青年联欢节截至2019年已经开展了4届，每界邀请亚非青年400人来我国进行交流与合作（见图3-2）。正如“丝绸之路”国际青年联盟主席阿伊坦·阿里耶娃所说，中国提出的“一带一路”倡议，能够促进青年群体之间的跨文化、跨宗教对话，进而开展更多的合作项目，为青年创造创业发

图3-2　亚非青年身着汉服体验中华礼仪活动

展机遇。诸如此类的国际青年交流活动，进一步加强了国际青年对中国社会和文化的认同。

二、国际青年交流要有温度，更要有亮度与力度

马克思指出："作为确定的人，现实的人，你就有规定，就有使命，就有任务，至于你是否意识到这一点，那都是无所谓的。这个任务是由于你的需要及其与现存世界的联系而产生的。"[①]青年是人类社会文明发展的重要力量，承担着特定的历史使命。纵观人类文明的发展，青年在社会变革和历史演进中都扮演了重要的角色。恩格斯在分析德国革命时深刻指出："实现这一变革的将是德国的青年。"中国近代的辛亥革命、五四运动等救亡图存爱国运动，都是青年在以实际行动践行使命。在世界百年未有之大变局下，青年迎来了前所未有的历史使命，青年必将勇于承担起这一神圣的使命，在人类社会的发展中发挥先锋队和排头兵的作用，推动世界实现和平发展，可持续的繁荣昌盛。

青年塑造未来。青年的发展具有塑造世界、塑造未来的深刻意义。成长于全球化时代的青年，他们思维活跃，价值观更加包容，在跨文化交流中更愿意接受不同民族的文化，对于人类命运共同体有着更加深刻的认同，有更加强烈的使命感。面对错综复杂的国际形势，国际青年交流要着眼于人类社会发展前景，强调构建以合作共赢为核心的新型国际关系，为青年深化国际交流、参与国际事务提供契机和舞台。

因此，我们要深刻理解青年的历史使命，清晰把握青年健康发展的正确方向和思想意识，有温度、更要有亮度与力度地做好国际青年交流工

---

①《马克思恩格斯全集》第 3 卷，人民出版社 1960 年版，第 329 页。

作，促进彼此的交流合作，使青年在推进世界文明进步方面发挥越来越重要的作用。

有温度就是要有真挚的关心。青年一代拥有的物质、接触的信息、受到的教育，远远超过了前辈。这是青年成长成才的必备基础，但也容易使青年滋生一种虚妄的优越感，从而偏离正确的人生轨道。在国际青年交流中，我们应该弯下腰来，紧紧地贴近青年，心里装着更多的青年，想他们之所想，给他们真挚的关心。如图3-3所示，让在华留学生感受中国的传统饮食文化。应在教育、就业、创业、政治参与、社会参与等方面给予青年更多的便利条件，为他们的发展和成长成才奠定坚实的基础。

有亮度就是要有创新思维。在全球化的今天，青年拥有与时代相契合的“代际特征”，这是青年成长成才的主观条件。20世纪德国社会学家卡

图3-3 在华留学生体验包饺子

尔·曼海姆指出："代"这种社会现象反映了一种特殊的位置身份，也包括历史—社会过程中相关的"年龄群体"。阶级位置的特征可以由经济和社会环境来解释，代位置则是由特定的经验与思维模式形成的方式决定。青年有自己独特的思维模式和生活方式，时代也赋予了他们鲜明的"代际特征"。

青年是标志时代的最灵敏的晴雨表。他们思维活跃，勇于接受新事物，勇于创新挑战传统，为社会的发展勇于担当使命。在国际青年交流中，我们要深度挖掘青年的这些特征，采用喜闻乐见具有创新思维的方式服务并引导好青年，为他们在乘风破浪的人生道路上提供亮度，指明前行的方向。

有力度就是要有责任担当。青年成长成才是青年安身立命、实现价值的根本，也是世界发展的基础。国际青年交流必须精准施策，确保青年在实现世界梦的生动实践中放飞青春梦想，在构建人类命运共同体中书写人生华章。

卢梭曾将青年比喻为人的第二次诞生，"不成熟""过渡""转型"是青年群体的重要特征。青年成长和发展需要社会各方面力量的帮助和支持。在国际上，自20世纪60年代西方青年运动兴起之后，特别是1985年国际青年年以来，青年的发展日益成为世界各国高度重视的议题，成为衡量国家发展水平的重要指标。对于各国国家而言，通过制定专门的青年发展规划，或者以立法的形式出台面向青年的法律、法规，来实现对本国青年发展工作的整体促进和青年发展成绩的整体展现，已经成为一贯做法。青年始终走在时代前列，在世界发展的各个历史时期，开拓奋进、奋发有为、锐意创新，为推动社会的进步做出了重要贡献，也实现了自己的人生价值。

在国际青年交流中，我们要认真研究青年和青年工作的特点规律，坚决贯彻促进青年成长成才的政策措施，为广大世界青年成长成才、建功立业提供科学的宏观指导和政策支持。我们更要充分发挥中国共产党领导这个最大的政治优势，统揽全局，协调各方，整合社会资源，齐心协力，形成青年成长成才的最大合力，助力国际青年的大交流大融合大发展，为他们实现出彩的人生给予有力度的支持。

“一个好汉三个帮”，国际青年交流一定团结协作、互通有无，才能做得更出色、更有亮点，为国际青年的成长、成才与发展做出贡献。

提升国际青年交流工作人员关键素养

新冠肺炎疫情的发生，加剧了国际形势的复杂性，有些国家和组织借疫情抹黑我国，给我国的国际形象带来了一定的影响。

我们要明白，国际青年交流首要的任务就是配合党政外交，在面对有损国家利益的言行时，国际青年交流工作人员要“动之以情，晓之以理”，和国际青年讲好我们国家对防控疫情做出的贡献，争取他们的理解和认同。因此，国际青年交流工作人员要提高综合素养，坚持底线，从容不迫的用事实说话。有原则、有情怀的国际青年交流工作人员更能得到国际青年的尊重。

一、坚定政治立场

新冠肺炎疫情对于新时代国际青年交流工作人员来说，是一场严峻考验。在复杂的国际环境中，应该在抗疫斗争中自觉锤炼政治能力以更好地和国际青年交朋友。无论国际形势如何变幻，国际青年交流工作者忠于祖国和人民，坚持国家利益至上，这是政治前提，更是一个政治立场问题。

二、提升综合本领

新冠肺炎疫情给世界人民的生活秩序带来了影响。从历史上看，每次疫情对社会经济的冲击都是巨大的，例如黑死病。为了防控疫情，我国付出了巨大的社会成本，甚至武汉“封城”，这些努力得到了联合国和世卫组织以及各国人民的高度认可。世卫组织总干事谭德塞称，中国为世界防控疫情赢得了时间。然而，西方个别国家政客却不断指责我国抗击疫情取得的成效，意图将新冠肺炎疫情政治化。这些不负责任的言行可能对一些其他国家的青年造成一定的困惑。

面对这些国际问题，国际青年交流工作人员要适时调整工作方针，提升综合本领，以真诚的态度、科学合理的事实向国际青年阐明立场，以理服人。特别是在与重点人物交流时，一定要谨慎、要有应变的本领，因为各国交流思维和角度的不同，以免落入“圈套”。这就要求国际青年交流工作人员要加强平时的积累，厚积才能薄发。在遇到各种国际突发事件时，既不失原则性又不乏灵活性，妥善化解各种国际青年交流危机。

三、掌握丰富的国际知识

新冠肺炎疫情在国际社会上引起了轩然大波，不同的声音此起彼伏。这就要求国际青年交流工作人员要掌握丰富的国际知识，通过现象看本质，站在科学理性的角度对世界问题进行阐释。

知识让人文雅，理智让人更具人性，而成见却让两者尽丧。在提倡人类命运共同体的新时代，各国应放下成见，共同抗击疫情才是最优的选择。基于此，国际青年交流工作人员要熟悉国际外交业务，了解和掌握一定的国际知识，了解交流国的发展现状及文化风俗，了解重大的国际问题。

只有这样，国际青年交流才能更好地服务国家的实际需要，增强工作的目的性和针对性，在国际交往中才能做到知己知彼，百战不殆。

四、运用好互联网，加大交流

国际青年交流因距离远，有时不能面对面交流。这时就可以运用互联网平台，打通交流的障碍。例如，通过QQ视频、脸书、微信、微博等新媒体形式进行交流沟通。特别在节假日，通过这些网络平台和国际青年、重点人物交流沟通，向他们表达问候。对一些国际性的热点问题可以互相交换意见、互相学习，共同进步。

关于新冠肺炎疫情的各种信息在国内外网络上传播，鱼龙混杂，混淆人们的视听。国际青年交流工作人员应该运用互联网积极和国际青年朋友沟通交流，把我国抗疫情况分享给他们。

五、真诚相待

在社会交往中，只有互相的真诚才能得到彼此的信任和尊重。在国际青年交流中，同样如此。国际青年交流工作人员必须以一颗诚挚的心和国际青年交流，不能有居高临下或矮人一等的心态。青年之间的友谊是平等而纯洁的，我们要用真心换取对方的真心，这样的交流才有意义。

对于新冠肺炎疫情的发生，不是世界人民所愿。在人类抗疫史上，疫情不仅夺去了生命，还给人们心理造成了巨大的创伤。面对各种复杂的问题，国际青年交流工作人员要以战略的眼光看待问题和解决问题，让彼此的友谊更加深入。

六、要有高度的组织纪律性

规范让交流更有效运转。国际青年交流工作人员要有规范意识、法治意识，要有高度的组织纪律性。

新冠肺炎疫情是人类共同的敌人。全球化时代，我国与世界荣损与共，每个国家都不可能独善其身地登上“诺亚方舟”。因此，互相帮助，保卫他国也是保卫自己。然而，有些国家却不断地“甩锅”，甚至国内的一些公知也在煽风点火。对此，国际青年交流工作人员要站在国家大局看待问题，严格按照中央统一口径表态，不能信口乱说乱讲，要以正能量与国际青年产生同频共振。

因事而化，因时而进，因势而新。新冠肺炎疫情这让世界各国和人民重新认识了自我，认知了大自然的力量。面对变局，各国青年应以国际战略思维看待问题，携起手来共同抵抗病毒，这是新人类应有的担当。国际青年交流是一项艰巨而光荣的事业，需要国际青年交流工作人员提高水平，增长才干、做好本职工作。

加快高校志愿服务国际化的步伐

习近平总书记提出的共同构建人类命运共同体的理念，是习近平新时代中国特色社会主义思想的重要内容之一，产生了广泛的世界影响。这一理念具有十分重要的意义，为高校志愿服务组织的国际化发展指明了方向。在新时代要全面贯彻落实这一理念，在推动高校志愿服务国际化的进程中为构建人类命运共同体做出应有的贡献。

一、高校志愿服务国际化的作用

自2002年共青团中央启动中国青年志愿者海外服务计划以来，高校志愿服务国际化逐步成为发展趋势。2008年北京奥运会期间，大学生作为志愿者的主力军向全世界展示了中国青年的形象，成为高校志愿服务国际化的发端。加快高校志愿服务组织的国际化步伐，可以在多方面发挥积极作用。主要表现在以下三个方面。

（一）服务我国公共外交

自20世纪60年代以来，青年在公共外交中扮演了越来越重要的角色。如今，“青年与公共外交”日益成为国际社会的热门话题。我国非常重视青年在公共外交中发挥的作用。为了发挥青年的优势，我国还把青年交流纳入中美、中俄、中英、中欧等政府间人文交流机制框架。

高校志愿服务作为青年交流的重要组成形式，通过志愿服务活动向国际社会讲好中国故事，传播中国声音，彰显青年人的时代担当，对我国公共外交具有重要的作用。高校志愿服务国际化不仅有利于将青年志愿文化的气息融入国际政治活动中，还可推动国家之间形成沟通交流与对话，使国际社会更了解中国，提升我国文化软实力，营造我国和平崛起的良好国际环境，服务我国公共外交。

党的十八大以来，在习近平新时代中国特色社会主义思想指导下，高校志愿服务呈现出国际化趋势，在我国公共外交中的作用进一步凸显。近年来，高校志愿服务在APEC第二十二次领导人非正式会议、"一带一路"国际合作高峰论坛、中非合作论坛志愿活动、亚洲文明对话大会等国家重要公共外交活动中提供了专业化的服务，努力讲好中国故事，让外国人尊重中国、爱上中国。高校志愿服务积极参与团中央的"中国青年志愿者海外服务计划"等项目，走进埃塞俄比亚、塞舌尔、津巴布韦和毛里求斯等非洲国家，增进了中非友谊，展现了中国世界担当的国家形象，让世界更懂得中国。高校志愿服务在这些活动中精彩的表现，为公共外交史写下了重要的一页，对我国公共外交事业的发展产生了积极影响。

（二）促进中外民心相通

习近平总书记指出，国家关系发展，说到底要靠人民心通意合。国之交在于民相亲。民心相通是"一带一路"建设的社会根基。重视民心相通工作，对促进"一带一路"沿线国家的共同发展和繁荣、推动构建人类命运共同体具有重大的现实意义。

国际化的志愿服务活动，有利于促进各国人民间彼此的互信与合作，使友谊的纽带更加坚固。随着我国大学生志愿者数量的逐渐增长，高校志愿服务逐渐成为我国与世界人民交流的重要渠道。参与高校志愿服务的大学生们，有活力、有知识、有文化，有沟通技巧，又有外语的优势，在国际志愿服务中更容易得到当地人民的认可和支持，起到不可替代的促进“民心相通”作用。

近年来，大学生志愿者开始在经济、教育、社会、气候、环境等诸多领域与世界各国青年加强交流合作，发挥了“春风化雨，润物无声”的作用，促进了不同国家的文化融合，让更多的人了解中国，为世界文明的发展贡献了力量。为表彰青年志愿者王刚对利比里亚医疗事业做出的贡献，总统瑟利夫授予他“非洲之星”荣誉勋章。作为首批埃塞俄比亚志愿者，大学生志愿者冯艾在埃塞俄比亚服务时，为即将赴任的埃塞俄比亚驻华大使海尔·基洛斯教授中文，其专业的服务赢得了大使全家的信任并与其建立了深厚友谊。

新冠肺炎疫情防控期间，上海复旦大学等高校大学生在医疗科研攻关、社区服务、疫情知识宣传等方面发扬志愿服务精神积极作为，通过互联网等方式与国际社会交流分享疫情经验，得到了国际社会的赞誉。

（三）拓宽志愿者国际视野

联合国原秘书长潘基文说，青年应扩大国际视野，成为世界公民。全球青年有理想、有担当，人类就有希望。青年人迟早要成为社会发展的中流砥柱，成为推动世界文明发展的中坚力量。国际视野逐步成为新时代青年人素质的标配。因此，培养高校大学生的国际视野至关重要，直接关系到立德树人的成败。

高校志愿服务国际化的不可替代的重要作用之一，就是通过组织大学生们参与国际志愿服务活动，不断拓宽他们的国际视野。大学生们“走出去”“走进去”，和世界各国青年及人民相互交流，承担教育、文化、农业、科技等方面的项目设计、项目实施等，了解当事国的社会制度及语言、饮食、习俗等风土人情，在不同文化交流中产生思想碰撞，借鉴经验，吸取教训，有助于提升格局、开拓视野，成长为国际型人才。

有关调查结果显示，参加过中国青年志愿者海外服务计划的高校大学生，参加在老挝、缅甸、泰国、文莱等国的服务后，其国际视野普遍拓宽，回国后在各自岗位上发挥了重要的作用。复旦大学志愿者张薇2008年在尼日利亚做预防艾滋病的志愿服务，主要给当地小学生普及一些艾滋病防护的知识。通过服务她对当地的文化有了深入的了解，对志愿服务国际化的意义有了更深的认知。

二、高校志愿服务国际化的关键环节

高校志愿服务国际化是构建人类命运共同体的需要。在推动高校志愿服务国际化的进程中，应该注意抓好三个关键环节。

（一）坚定理想信念

2020年6月，习近平总书记给复旦大学《共产党宣言》展示馆党员志愿服务队全体队员回信，勉励他们在学思践悟中坚定理想信念，在奋发有为中践行初心使命。这也给高校志愿服务国际化指明了方向。

理想指引方向，信念决定成败。在人类命运共同体背景下，高校志愿服务国际化更需要具有大局意识、国家意识，坚定实现中国梦的理想和共产主义的信念。特别在国际志愿服务中，一定要时刻牢记政治担当，在具体志愿服务事务中绷紧讲政治的弦，把志愿服务活动做好、做出色。

高校国际志愿服务水平直接影响着我国青年在国际中的形象，影响着国家整体形象。目前，高校志愿服务在国际志愿服务中存在着一些问题。比如，政治站位不高、理想信念不坚定、认不清复杂的国际形势和严峻的意识形态斗争等。有的大学生志愿者认为，自己只是做些基础性、繁杂的工作，没有必要强调政治意识。在推进高校志愿服务国际化的进程中，必须高度警惕“去政治”的倾向，通过不断坚定志愿者的理想信念，促进其健康成长，确保志愿服务活动的方向。

（二）完善工作机制

科学的激励等工作机制，是促进高校志愿服务国际的关键。调查中发现，有些高校志愿服务国际化意识不强、热情不高，存在不同程度的懈怠现象，对国际志愿服务活动不关心、不专心、不用心，服务水平较低。究其原因，是高校志愿服务的激励机制不完善，未能与国际规则接轨。部分高校志愿服务评价激励机制不科学、不合理，存在指标较单一、措施不及时、奖励不落实等问题。有的大学生志愿者看重荣誉称号，但服务意识不强，对补助较低的志愿服务参与热情不高。有关部门和一些地方政府对高校志愿服务国际化未能给予足够重视，提供的国际化平台较少。社会媒体对大学生参与国际志愿服务的正面传播没有形成报道机制。这些问题在一定程度上影响了高校志愿服务国际化的发展，急需在实践中尽快加以解决。要创新性构建符合中国国情、地情、校情的各项工作机制，为志愿服务国际化提供保障。

（三）提升服务水平

志愿服务需要公益心和满腔热情，但更需要提升专业化水平。否则，不尽人意的志愿服务质量，可能引发“好心办坏事”等情况。大学生志愿者以专业化的水平进行国际志愿服务，更能得到相关国家和人民的认同。无论是外语能力、沟通交流，还是服务知识、外交礼仪和紧急救援等技能方面，都要不断提高专业化水平，达到国际标准。

应该看到，在某些服务领域，一些志愿服务组织本位思想严重，缺少国际规则意识，志愿服务能力和水平都和国际标准有差距。在一些事件上不能提出独到见解，在国际语境中不能把中国故事讲清楚，甚至引发国际社会的误解和偏见。要正视这些问题，尽快提升专业化水平。只有如此，高校志愿服务国际化才能真正和国际接轨，为构建人类命运共同体贡献力量。

三、高校志愿服务国际化的对策

高校志愿服务国际化是当务之急。要积极探索推动国际化的途径，在实践中不断探索和创新。在推动高校志愿服务国际化中，特别应该注意采取以下三个对策。

（一）加强教育培训引导

习近平总书记指出：“青年的理想信念关乎国家未来。”[①]理想信念是志愿服务的先导，在构建人类命运共同体的奋斗过程中，高校志愿服务国际化要不断加强理想信念培训，教育和引导大学生志愿者坚定中国文化自

①习近平：《在纪念五四运动100周年大会上的讲话》，《人民日报》2019年5月1日。

信，深刻理解中国梦与世界梦的密切联系，领会构建人类命运共同体的内涵，在思想和行动上，始终坚持国家利益至上，通过志愿服务阐明中国立场，向国际社会发出中国声音。在教育培训中，要把习近平新时代中国特色社会主义思想作为重点贯穿各环节，特别要加强对习近平外交思想和相关论述的学习。

为全面提升大学生志愿者的综合素养，还应在国际形势、国家安全、国情知识、紧急救护、外语能力、国际礼仪等方面进行系统的培训。可采取线上、线下相结合的培训方式。线上邀请专家学者讲解如何更好地服务国家公共外交等；线下可组织高校志愿服务研讨会、座谈会等，聚焦难点问题和发展中的瓶颈进行深入研究。

（二）创新工作机制模式

高校志愿服务国际化应在创新工作机制模式方面下足功夫，通过表彰嘉奖、权益保障、正面宣传等激励措施，增强国际志愿服务的吸引力，引导更多的大学生参与其中。

健全完善准入机制，严格按照报名、初审、外语口语考试、面试、公示、注射疫苗等步骤开展。在一些特殊的服务领域，还要考察学历、专业技能等。做实做细保障机制。免费为大学生志愿者上保险等，保障志愿者的合法权益。在经费保障上，各级政府和团组织要给予一定的倾斜，帮助解决高校志愿服务提质增效的经费。在年度财政预算中增加国际志愿服务项目的经费。以政府为主导、社会参与的形式成立专项基金。各级政府要为高校志愿服务国际化提供更多的倾斜政策。在公务员录取等方面予以优先考虑参加国际志愿服务的经历，对国际志愿服务中遭受重大意外的优秀大学生志愿者，给予相应的生活照顾和物质帮扶等。高校要为志愿服务国际化提供更多的平台和支持，为大学生志愿者争取更多的权益。可以通过开展评定星级大学生志愿者、表彰优秀大学生志愿者等活动，激励大学生积极投身国际志愿服务。社会媒体要深入挖掘国际志愿服务中的典型人物，积极为高校志愿服务国际化创造良好的舆论环境，加大大学生国际志愿服务的报道力度，利用新媒体加强正面宣传报道。

（三）拓展国际服务渠道

世界因交流而了解，因了解而互动，因互动而融合。在促进高校志愿服务国际化的进程中，要积极拓展国际服务渠道，密切与世界的联系。要积极创造条件，不断拓展文化、教育、医疗卫生、环境、就业等方面的国际志愿服务渠道，推出更多的志愿服务项目。在承办大型国际盛会、赛事中，注意发挥大学生志愿者的作用，给他们创造更多的机会，让大学生志愿者“走出去”，参与更多的全球性项目。在国际交流活动中吸纳更多的大学生志愿者参与，为他们提供更多的国际志愿服务平台。

国际志愿服务是一项复杂而系统的工程。在拓展国际服务渠道时，政府掌握的资源更多、更有公信力，因此政府要唱主角。非政府组织要从专业化的角度予以配合，给大学生志愿者创造有利条件和环境。

发挥党建优势
做好国际青年人才吸引与培训工作

国际青年交流工作是一个社会高尚的事业。如何把这一事业做得好，人才至关重要。在吸引和培养人才方面，要发挥党建工作的优势，把人才的定位、角色融入整体事业中，为人才的发展创造环境。

在国际青年交流人才吸引和培养上一定切实把学习习近平新时代中国特色社会主义思想作为首要政治任务和核心业务，全面提升人才的政治性和创新性。同时，通过党建平台搭建人才发展服务与沟通平台，以“党建+”的形式，切实为人才解决各类诉求，提升人才的服务品质，进一步营造爱才和惜才的浓厚氛围，使人才真实感受到党和国家的温度。

在聚拢人才时，我们一定要深刻领悟习近平总书记重要讲话精神和党的十九届四中全会精神，加强党建工作，学以致用、指导实践，让更多的优秀人才加入我们的队伍中，共同推动国际青年交流事业的发展。对此，本人认为为更好吸引和培养“千里马”，应利用回顾党的发展历程、历史经验、主题教育活动等方式激发人才开创事业的热情，自觉树立“四个意识”，坚定“四个自信”，做到“两个维护”。以党建为引导服务广大青年人才坚定信心跟党走，围绕“一带一路”国际青年交流等重点工作，奋发图强、踏实工作，为推动国家的快速发展贡献自己的力量。

一、创新党组织政治功能工作机制，提高吸引人才的本领

国际青年交流事业是一个具有综合性和复杂性的系统工程，在聚拢人才为我所用时，我们自身一定要强化政治意志，创新党组织政治功能工作机制。在工作中，要带领人才深学深究党的十九届四中全会提出的新理念、新思想、新战略，做到真学真懂真实践，为人才的自我发展提供思想源泉。聚焦主责主业，秉承“国际青年，青年国际”的发展理念，积极加强国际青年交流人才机制建设，以党建带领事业，激励激发人才的积极性和创造性，使他们时刻充满荣誉感和使命感，提高团队凝聚力、内生力、发展力。

党建中应以多种形式积极开展人才谈心谈话，掌握其思想动态，激励他们在实践中锻炼成长，为新时期的国际青年交流事业发展多做贡献。在谈心谈话过程中，坚持把深入学习宣传贯彻习近平新时代中国特色社会主义思想和党的十九大精神、十九届四中全会精神作为首要政治任务，引导人才践行新思想、适应新时代、展现新作为；坚持问题导向，针对不同人才如家庭困难、思想困惑的人员，采取精准有效的谈心谈话、帮扶和教育管理措施。

二、创新党建政治功能工作方式，拓展吸引人才的途径

中国特色社会主义新时代，是经济发展的时代，是科技强国的时代，更是人才竞争的时代。在党建工作中应着力改善人才在政策、理论、业务、专业等方面的知识结构，提高人才队伍的科学文化素质，营造学习先

进、争当先进、赶超先进的良好风气，让人才充分发挥骨干带头作用，充分发挥先锋模范作用，为开创新时代中国特色社会主义事业新局面做出新的、更大的贡献。

我们在坚持好经过实践检验的人才招募制度基础上，从工作实际出发，及时总结好经验好做法，在创新方式上有新意更有情怀，提升人才服务的国际水平。我们要以担当的精神、负责任的态度为优秀人才办好事、办实事、解难事，切实增强他们的幸福感。因此，要以提高人才培养质量为突破口和工作中心，建立党组织联合工作机制，探索一条党建工作新路径。要充分发挥党委书记的作用，利用党委书记的力量做好党建一线工作，充分发挥党委在国际青年交流过程中的作用，拓展吸引人才的途径。

三、创新党建政治功能保障制度，加大吸引人才的力度

在聚拢人才时，我们必须严格按照制度履行职责、开展人才招募工作，在制度的轨道上推动国际青年交流事业更上一层楼。有了坚强的保障制度，才会吸引更多更优秀人才的加入，共同为国际青年交流贡献智慧与力量。有了好的党委班子，就有好的领导水平，好的领导水平就可以促进党委的整体水平的提高；建立党委定期总结制度，定期开展党委内部人才引进的评估与研判，充分发挥党的政治核心作用。不断总结党建工作在人才引进方面的经验，根据党建工作的积累和创新，加大提炼和指导力度，总结归纳经验，发挥以点带面、从线到片的辐射带动作用。另外，党组织应把为人才办实事、好事作为基本出发点和落脚点。人才若是对政策、流程有困惑，要及时组织工作人员，由党员带头为其解惑。党建工作服务产

业链，发挥党组织在产业链上的串联优势整合资源，坚持主动关心关爱人才，想人才之所想，解决人才之所需，用真心、用真情，用制度保障，让人才真正感受到党组织的温暖和关怀。

在聚更多人才时，也要不断加大力气培养，造就更多、更优秀的人才。在实践中，我们深刻认识到只有培养一支具有全球战略眼光、市场开拓精神、创新管理能力、通晓国际规则、适应国际化发展的开放型人才队伍，才能巩固和发展国际交流的各项业务。因此，在实际工作中应本着"实用、管用、好用"的目标，缺什么补什么，需要什么就培训什么，找准国际化趋势，努力打造一支眼界宽、思路宽、胸襟宽的人才队伍，为国际青年交流工作不懈奋斗。

对此，党组织可以结合"一带一路"国际青年交流的特点，在人才培养的方式和方法上不断创新，使人才在政治上过硬、本领上过强，达到德才兼备的水平和要求。例如，文化交流部门人员交流到法务部门，教育专业背景人员交流到国际交流部门，朝着综合型人才培养的方向努力创新培养模式。另外，我们可以通过和其他国家进行交流，建立合作对象之间的交流平台，让国内的青年人才到国外交流学习，掌握并运用国际规则。让国外的青年人才来到国内，更好地了解中国，进行更加深入的互动与合作。

在培养国际青年交流人才中，一定要保证人才的政治性。因此，在党建中一定要切实把学习习近平新时代中国特色社会主义思想作为首要政治任务和核心业务，提升人才理论学习的质量和水平，强化科学理论武装。

业务开展到哪里，党的建设覆盖到哪里，党建引领发展的作用就发挥到哪里。我们要坚持以习近平新时代中国特色社会主义思想为指导，认真贯彻落实党的十九届四中全会精神，着眼于为青年提供互相交流学习的工作格局，吸引和培养更多的国际青年交流人才，凝心聚力，通过“请进来”培养“知华、友华、爱华、挺华”的国际青年人才，通过“走出去”培养具有国际视野、创新意识、适应社会需求的应用型中国青年人才，让青年在“一带一路”建设中有更大的获得感和幸福感。

聚天下英才
共画“一带一路”国际青年交流同心圆

“一带一路”国际青年交流是各国进行思想、文化的桥梁与纽带，特别对弘扬团结友谊精神，增进国际之间的理解合作，推动人类命运共同体有着极为重要的作用。因此，我们要努力把党的十九届四中全会精神转化为奋力创造“一带一路”国际青年交流事业的强大动力，为推进国家治理体系和治理能力现代化，实现中华民族伟大复兴中国梦做出应有的贡献。

目前，在构建人类命运共同体的背景下，多元化的“一带一路”国际青年交流增进了各国青年的了解与友谊。亚非青年联欢节自2016年以来，已连续举办了4届。该活动旨在弘扬“团结、友谊、合作”的万隆精神，增进亚非青年之间的理解与合作，夯实亚非合作共赢的社会基础，推动亚非命运共同体的建设。“在华留学生第二课堂”“友谊厨房”项目以传承、传播中国烹饪文化为载体让世界青年在品尝美食的同时，更好地了解中国传统文化。这些项目的顺利开展助推了“一带一路”文化传播，让青年们形成了良好的互动，民心相通。实践证明，诸如此类的国际青年交流项目需要更多的优秀人才同心协力，才能使项目更具创新性和凝聚力，产生巨大的社会效益。因此，我们要聚天下英才共画“一带一路”国际青年交流同心圆，心往一处想，劲往一处使，促进国际青年们的融合发展。

在“一带一路”国际青年交流中，我们要采取多方举措吸引更多世界的优秀人才，和我们一起把“一带一路”国际青年交流事业做得更好、更出色、更有国际水准。

在吸引人才时，我们一定要深刻领悟习近平总书记重要讲话精神和党的十九届四中全会精神，学以致用、指导实践，让更多的优秀人才加入我们的队伍，共同推动国际青年交流事业的发展。对此，本人认为吸引“千里马”，我们应在以下三方面修炼内功，提高自我修为。

一、聚英才，练内功

（一）强化政治意识，提升思想境界

国际青年交流事业是一个具有综合性和复杂性的系统工程，在聚拢英才为我所用时，我们自身一定要强化政治意识。在工作中，深学深究党的十九届四中全会提出的新理念、新思想、新战略，做到真学真懂真实践，提升精神境界。

（二）强化制度执行，提升工作能力

实践证明，没有强大的执行能力，再好的制度也难以发挥作用。在吸引人才时，我们必须严格按照制度，履行职责、开展人才招募工作，在制度的轨道上推进国际青年交流事业更上一层楼。有了坚强的制度执行力，才会吸引更多更优秀人才的加入，共同为国际青年交流贡献智慧与力量。

（三）强化创新方式，提升国际水平

在坚持好经过实践检验的人才招募制度的基础上，应从工作实际出发，及时总结好经验好做法，力争在创新方式上有新意、更有情怀，以提升人才服务的国际水平。我们要以担当的精神、负责任的态度为优秀人才办好事、办实事、解难事，切实增强他们的幸福感。

二、育英才，同画圆

我们在吸引人才时，也要不断加大力气培养造就更多更优秀的人才。培养一批服务好“一带一路”国际青年交流事业的综合型人才非常不容易，需要花大力气和大格局去做。对此，我们可以结合“一带一路”国际青年交流的特点，加大人才的培训力度。

“玉不琢，不成器；人不学，不知道。”要加强人才的培训，使人才坚定理想信念、提升综合技能、提高国际视野，把国际青年交流事业做得更广、更深、更实、更出彩。

（一）坚定理想信念走好信仰之路

理想指引方向，信念决定成败。加强理论学习培训，可以使政治担当牢记于广大人才内心，成为永不褪色的印记，在具体国际青年交流工作中时刻绷紧讲政治的弦，奋发有为，走好信仰之路。

（二）提升综合技能走好实干之路

技能提升水平，实干成就梦想。但是，实干不是蛮干。加强理论学习

培训，更能使人才厘清工作脉络，提升综合技能，把心思花在重改革善创新上，把精力用在能干事干成事上，把担当体现在重务实善落实上，完全领会并落实中央的外交精神，脚踏实地走好实干之路。

（三）提高国际视野走好学习之路

视野决定眼界，学习拓宽思路。国际青年交流是一项复杂而系统的工作。加强理论学习培训，更能使人才在国际语境下，运用青年喜闻乐见的方式把国际青年交流等项目做好，把中国故事讲得有广度、有高度、有温度，把中国声音传播得有思想、有内涵、有感情，从而培养更多“知华、友华、爱华、挺华”的国际友好人士。践行使命，提升工作思想分量、对策质量、价值含量，跑出青春加速度，积极作为，走好学习之路。

知行合一方可成事。我们要坚持以习近平新时代中国特色社会主义思想为指导，认真贯彻落实党的十九届四中全会精神，着眼于为青年提供互相交流学习的工作格局，吸引和培养更多的国际青年交流人才，凝心聚力，通过“请进来”培养“知华、友华、爱华、挺华”的国际青年，通过“走出去”培养具有国际视野、创新意识，适应社会需求的应用型中国青年人才，让青年在“一带一路”建设中有大作为。

三、护英才，靠法治

“一带一路”是开放共享的“朋友圈”，法治是“朋友圈”不断巩固、繁荣和扩大的基本保障。全方位加快法治体系建设，深化国际司法合作是推动“一带一路”国际合作共赢共同发展的必然要求。国际青年交流合作是各国进行思想、文化、情感交流的桥梁与纽带，特别对弘扬团结友谊精神，增进国际之间的理解合作，推动人类命运共同体有着非常重要的作用。

因此，为了使各国青年形成良好互动，夯实共赢的社会基础，积极参与到“一带一路”建设中来并健康长久发展，健全法治机制体系是不二选择。

（一）“一带一路”国际青年交流法治机制不完善原因分析

“一带一路”建设取得的非凡成就，各国朋友之间的务实合作，国际青年交流起的作用成效显著。随着国际青年交流的不断深入，利益平衡、风险问题、文化冲突、机制协调等方面的问题越来越突出，要想有效解决这些问题，法治机制独特的功能和作用不可或缺。分析“一带一路”国际青年交流法治机制不健全原因，有利于在各种现行国际规则和法律范围内开展合作以及提高国家现代化治理体系和治理能力的水平。“一带一路”国际青年交流法治机制不完善，没有形成体系的原因有很多，本人主要从以下三个方面进行阐释。

1.“一带一路”国际青年交流法学理论研究尚不成熟

“一带一路”国际青年交流的推进与实施需要靠科学完善的法治来保障。由于人员、资金、项目等往来频繁，国际青年交流合作中出现的问题大部分都需要通过法律渠道来解决，而不同国家和地区的法律法规因法系不同而存在一定的差异。基于此，各国亟待有个大家共识的法律体系来遵守。

近年来，我国国家相关部委和法律界从各种角度对“一带一路”建设的法律基础理论和法律应用对策进行了研究，涌现了一些专门性、综述性研究成果。社会各界以扎实的法学理论功底、专业的法律实践，在保证“一带一路”倡议顺利实施中发挥了重要作用。但是，从研究成果上来看，有关“一带一路”国际青年交流较少，特别涉及国际法领域更少。

国际青年交流在讲好中国青年故事的同时，也讲好了世界各国青年的故事。国际青年交流如火如荼开展的同时，难免有一些国家和地区因文化的差异存在一定偏见。因此，我们在开展“一带一路”国际青年交流法学研究时，要从政策沟通分析，更要从法律原理和青年心理的角度、以法治思维的高度来进行研究。同时，要进行多学科交叉研究，增强现有研究的深度、广度和高度。若“一带一路”沿线国家对相互的法治建设水平不了解、不认同，国际青年交流合作就会有阻力。青年作为世界未来的领导者和引领着，增强他们法治互信的有效途径包括法学研究成果有效转化、法治国际交流合作、法治高级人才培养等。

众所周知,“一带一路”沿线国家中大部分是发展中国家，社会经济基础相对薄弱，如果对这些国家的法律体系缺乏全面了解，就对国际青年交流的法律、法规协调等问题进行分析是不妥的。随着国家“一带一路”倡议的推进和国际的积极响应，国际青年交流新情况新问题等复杂情况会不断出现。因此，法学研究人员要勇于直面这些错综复杂的问题，以法治精神为指引，强化法治思维，开展具有较强现实针对性的研究，为“一带一路”国际青年交流提供法治保障。

2.“一带一路”国际青年交流的法律法规缺失

通过国际青年交流推进青年创业领域的交流与合作，促进各国青年组织和创业扶持机构之间的交流与合作，影响这些合作的因素主要有制度、物理和人文。基于这些特殊的情况，我国积极采取了一系列的有效措施，最大限度地消除了这些方面的障碍，取得了一些较好的成效，赢得了当事国的支持。但是，关于消除障碍的法律法规还不能满足现实的需求，存在明显滞后的问题。例如，目前大多采取公布谅解备案录、协议、行动计划等形式进行“一带一路”建设的国际青年交流合作，整体上缺乏相关的法律、法规。

“一带一路”国际青年交流由点到面，在世界大地上落地生根，给广大青年带来了许多现实利益。在“一带一路”倡议提出及其“五通”建设的初期，不可避免地要进行一些探索，比如采取“摸着石头过河”的一些实践。随着“一带一路”建设向全方位多领域多渠道大力推进，其对法治体系建设的需求越来越强烈，国家层面顶层设计的政策已不能完全满足实践的需要。一方面，随着国际青年创业合作等领域的不断增长，合同等民事经济纠纷也不断增加。面对这些问题，我们要用法治化解这些潜在的风险、不断深化相互的合作，强化国内立法和加强国际法治保障。另一方面，民心相通是“一带一路”建设的重要内容，做好国际青年交流是民心的基础和保障，加大力度对这些法治成果的研究是非常有必要的。

成功举办“一带一路”国际合作高峰论坛、中非合作论坛北京分会、亚非青年联欢节等重大国际活动的实践证明，我国参与解决全球事务的智慧运用和能力水平不断提高，已达到了很高的国际水准。因此，我们应将这些宝贵的经验和合作成果以法律规范的形式确定下来，快马加鞭地完善国内国际法律体系，承担更多的大国责任与担当。

3.“一带一路”沿线国家法治文化及体系存在显著的差异

建设“一带一路”的初心就是让所有参与方共同发展和共同繁荣。但是由于“一带一路”沿线国家的法律分属英美法系、伊斯兰法系等多个法系，法治文化传统存在较大差异，青年的法治观念也有很大不同，致使国家之间实现这一目标过程中有一定的难度。

大陆法系的中国和英美法系的国家在法律形态上存在着很大的差异。我国的法律包括私法和公法两大部分，有成文法典。英美法系国家关注证据和当事人权益。这些差异化的法律行为方式，形成了不同的法律观念，对同一事物的看法和处理方法也会不同。青年人在互相的交流过程中，这种法律观念会更加的明显。

“一带一路”建设已经迈出坚定步伐，接下来是乘势而上，行稳致远。我国作为“一带一路”的倡导国，国际青年交流非常多，一定形成与之相适应的法律体系。法律研究者要高屋建瓴，以创新担当的精神加速完善相关法律规则体系，为提升中国青年国际话语权和影响力奠定坚实的基础。

（二）解决国际青年交流中法治问题的策略建议

国际青年交流在“一带一路”建设中的作用不言而喻。在解决矛盾纠纷过程中，必须想青年所想，发挥有效作用，特别是在司法机制中，要争取主导作用。我们不仅要有国际视野，更要有大国气度，借鉴经验，坚持广泛开放，体现各国青年的参与度和话语权。为了更有效地解决国际青年交流中的法治问题，让每一个人都有机会从“新全球化”中获得益处。本人提出了以下三点策略。

1. 建立国际青年交流冲突协调和法治保障机制

深入推进“一带一路”国际青年交流建设，建立冲突协调和法治保障机制非常重要。国际青年交流看似简单，实则复杂，必须建立在法治化的基础之上，通过一系列的青年交流协定、国际青年组织章程等法律方式和形式实现既定目标。实践证明，国际青年交流只有实现法治化，才能确保长期、稳定的发展，促进青年们的国际大联欢。“一带一路”国际青年交流的法治化，不仅能培养更多知华、友华的青年人，也是中国提升国际规则话语权的需要，必将对现代国际法产生重要而积极的影响。

建立国际青年交流冲突协调和法治保障机制要统筹兼顾。目前的情况是，很多研究者对发达国家的法律较为重视，但对发展中国家的法律关注程度和研究深度不够。“一带一路”沿线国家中大多都是发展中国家，许多国家的法律体系建设在整体上还不完善，特别关于国际青年交流相关的法律更是很少。另外，这些国家的法律制度比较复杂。因此，建立国际青年交流冲突协调和法治保障机制的同时也要防范法律风险。

在把握原则和方法的基础上，建立国际青年交流冲突协调和法治保障机制，一方面能促进双方的信任感，有利于青年的交流与合作；另一方面，能提升我国的法治水平，更能有效预防和化解矛盾纠纷。

2. 建立国际青年交流共同法律行为规则

在“一带一路”的平台上，在共同的行为规则下，各国要平等相待，公平参与，聚焦发展，谋划合作。青年作为国际社会的主流力量，其规则意识更加的强烈，如何让各种不同文化背景的青年进行融合发展，实现各方利益的均衡，制定一个普遍接受的行为规则是非常有必要的。这个行为规则可以以条约或协议等形式出现，逐步地扩大影响，使青年人认可，最终上升为法律规范。例如，亚非青年联欢节已经成功举办了4届，亚非青年人在这个大平台上增进了理解和合作。对于这样的交流活动，我们就可以以条约的形式加以固定，明晰各参与国的权利与义务，提升青年人的国际话语权。

任何事情只有在共同规则的前提下，才能发展得更好。同样，国际青年交流在共同的法律行为规范下，才会长期稳定发展、开花结果，推进人类命运共同体的建设。

3. 加大人才培养力度

“一带一路”倡议继承了古丝绸之路开放包容兼收并蓄的精神，也蕴含了新时代的特征。如何使这种精神很好地发扬，人才是第一生产力。但是培养一批服务“一带一路”建设的综合型、专业型人才非常不容易，需要花大力气和大格局去做。随着国际青年交流的深入推进，人才的培养已刻不容缓。加大教育投资是人才培养的一种方式，但应试教育培养出来的人才能否服务好“一带一路”国际青年交流，我们应该进行总结和反思。教育只有通过思想和行动结合起来，才能发挥出更多力量，而思想和行动的结合也就是理论和实践的有效结合。服务国际青年交流必然涉及法律知识，这就要求教育中注重人才培养的方式和方法，特别是法治精神和法律素养。

在国内我们要采取多方措施加大人才培养的力度，可以结合“一带一路”国际青年交流的特点，建立跨部门、跨地区之间的人才交流，外交专业交流法学专业，文化专业可以交流外交专业，朝着综合型人才培养的方向努力创新培养模式。在国外，我们可以通过和区域国家进行交流，建立合作对象之间的交流平台，让国内的青年人才到国外交流学习，掌握并运用国际规则。让国外的青年人才来到国内，更好地了解中国，进行更加深入的互动与合作。人才工作不能一蹴而就，需要时间的沉淀，更需要有大格局的人才培养方案。

“一带一路”国际青年交流是一项长期、复杂的系统工程。我们一定着眼于为世界青年提供互相交流学习的大工作格局，深入阐释构建人类命运共同体，让青年在“一带一路”建设中有大作为、大发展、大收获。

切实增强海外留学归国人员实习与培训的创新性

海外留学归国人员实习与培训是新时代共青团履行根本职责的重要领域，是共青团围绕中心、服务大局的重要领域，是共青团组织力体现和提升的重要领域。要准确把握海外留学归国人员在全团格局中的基本定位，切实增强做好工作的紧迫感、责任感和使命感。要科学把握海外留学归国人员实习和培训原则，牢牢坚持政治性，始终坚持创新性，形成线上、线下的闭合培训模式，进一步增强推进培训工作的创新性。

互联网技术带来教育培训行业的升级已成必然。线上培训已是教育机构营收重要的组成部分，而且增长迅猛，从传统的纯线下业务形态进化升级到线上、线下相结合的新业务形态的时代已经到来。特别在新冠肺炎疫情发生后，线上培训营收取得了卓越的成绩。线下课堂保证了师生面对面教学的体验感，线上教学则利用互联网技术突破了时间、空间的限制，满足了学生的多元化学习需求。线下课程时间长，课程更体系化；线上课程很方便，不用接送。线上和线下两种模式各有优点，可以互相补充。显然，现在线上、线下相结合的“混合式”教学服务已成为新的解决方式。

以北京国际青年研修学院为例。学院围绕主责主业，结合新时代海外留学归国人员思想特质和话语方式，不断拓展线上、线下教育有效路径，成立“学院公众号”“在线学习平台”，以“互联网+”为手段，以“北京国际青年研修学院”微信公众号为线上传播载体，以“在华留学生第二课堂”“友谊厨房”“留学人员创业交流汇”“国际青年文化交流珠宝大师培训班”为线下交流平台，开展线上、线下海外留学归国人员实习与培训，在潜移默化中将习近平新时代中国特色社会主义思想和社会主义核心价值观根植于他们的日常生活，并内化为他们思想与行动的规范和自觉。

切实增强海外留学归国人员实习与培训的创新性，能使海外归国人员更快融入社会，发挥才能与智慧。

一、搭建学习交流平台

海外留学归国人员刚回国，社会人际关系较少，对国家环境政策了解较少。通过对海外留学归国人员的培训可以强化他们实践能力、培养与训练的操作技能，增强对国内工作环境的认识与了解。在实习和培训中，能交到很多好朋友，为他们的工作出谋划策，这也为他们以后的工作和生活打下了坚实的基础。

线下培训结束后，线上专题班更新内容支持学员在线上反复学习，巩固知识。同时，选择线上、线下学习过程中学员提出的具有代表性的问题，邀请专家教授进行网络直播答疑，实现“带着问题来，带着思考去”。在新冠肺炎疫情全球大流行的当下，学院对海外留学归国人员采取线上的培训也是有效和必要的措施，让他们在工作中学习，在学习中工作。

二、提升知识理论水平

因事而化，因时而进，因势而新。学院开拓创新，积极探索提升海外留学归国人员理论水平新路径。通过线上、线下，以社会主义核心价值观为引领，根据新时期海外留学归国人员思想认识和兴趣特点，运用他们喜闻乐见的网络语言、形式，将社会主义核心价值观的内涵、意义与培训内容相结合，来提升他们的知识理论水平。

通过实习与培训牢记宗旨，践行为民初心；在学以致用中扛起历史使命，主动担当作为。将学习成果转化为推动中国社会发展的强大力量。

三、激发青春正能量

践行“线上+线下”混合式这一创新培训模式，在完善理论教学和实践教学环节的同时，能更好地满足海外留学归国人员的需求，充分发挥学院的教育职能作用，激发他们的青春能量。

在线下，结合海外留学归国人员刚回国适应差、心理矛盾、职业规划不明确等情况开展培训，从而产生积极的影响。在培训中，老师在前期调研的基础上，结合习近平总书记系列重要讲话，分别以“爱国”“励志”“求真”“敬业”为主题，引导他们坚定理想信念，争做新时代奋斗者。老师们根据自己的工作经验，结合理论知识，由表及里，阐释观点，积极与这些同学互动，让他们也积极响应，畅谈思考，各抒己见，形成良好的氛围。

在线上，设置培训课程，增加师生互动环节，让更多的同学参与到课程之中。这不仅通过线上找到了学生的兴趣点，还打破了老师和同学之间时间和空间的阻隔。在线上培训中，让他们分享自己的成长历程；通过一个个生动而又极具感染力的青春故事，触动彼此的内心；选择一些留学归国人员青春榜样，分享各自成功道路上的坎坷与喜悦、抉择与欢笑，并以自身成功的经验有针对性地解答困惑，从而引导广大归国留学人员结合自身特点，以不同的优秀典型为榜样，积极规划职业生涯，以实际行动创造自己的精彩故事。

吸引国际青年来华研学旅行

中国传统研学活动是古代文人人格、生命的重要组成部分，“读万卷书，行万里路”是我国读书人增长见识、提高学问的方式。不仅如此，我国古代的许多文人墨客，在学有所成之后，依然外出研学旅行，走遍祖国的大好河山，体验各地的风土人情，最终知行合一，取得非凡成就。

马可波罗来中国研学旅行写下了《马可波罗游记》，这本游记打碎了“欧洲是世界”的神话，把一个有血有肉的中国呈现在欧洲人面前，令他们无比惊奇，以至不敢相信。在14世纪，欧洲某些思想活跃的人开始按这位威尼斯旅行家提供的知识塑造其世界观。1375年的加泰罗尼亚的世界地图就是马可·波罗的地理学的一个体现，摆脱了中世纪地图学的幻象，构成了欧洲思想文化史上的重要里程碑。经过研学旅行互动，中华文化与世界文化不断碰撞与融合，推动了人类文明发展的进程。

我国春秋战国时期就有研学旅行，多指远游异地，从师学习。史载孔子招徒讲学，率弟子们周游列国、传道授业，弟子们跟随他遍访都邑，从困顿碰壁中体悟人生，开阔眼界，了解民风政情。根据罗马时期的学者老普林尼的《自然史》所记载，在我国春秋时期，就有中亚和欧洲等国家的人们来到中国研学，学习中国的文化并进行丝绸等贸易。

唐代众多士子走出书斋，郊游、远行、前往边塞。他们访古问俗、寻幽探胜、结交豪杰、相互学习，在研学旅行中学习知识、体悟人生、修为人格、传承文化，成就很多传世的诗篇。而开放、包容的文化，更成就了当时文化的空前繁荣。当时，日本、朝鲜半岛、东南亚、阿拉伯等国家或地区的人来到唐朝研学旅行。例如，日本为了向唐朝学习先进的管理模式和文化，经常派遣唐使来唐朝，每次来唐朝的日本人都有数百人。

在宋代，文人研学旅行逐步制度化。宋代理学家、思想家朱熹主张学子不应拘于一隅，而应“出四方游学一遭”。士子们则利用科举和出仕机会频繁旅行，深入了解各地历史文化、名胜遗产、典制赋役、科技发明，观察社会，推动文化、社会变革。如宋代的沈括少随父宦游州县，出仕后重游历研究，他博学善文，于天文、方志、律历、音乐、医药、卜算无所不通，皆有所论著，最后写了《梦溪笔谈》。这时来中国的外国人也非常多，威尼斯、英国甚至非洲人都来到中国研学旅行，学习中华文化。他们把火药、指南针、纺织机技术等带回自己的国家，促进了社会的发展。在明清时期，我国研学旅行得到了进一步发展。

改革开放后，为了让更多青少年学习课外知识、增长视野，很多学校组织了勤工俭学、爱国主义教育、红色旅游、历史文化探源等研学旅行活动。大量来自日韩、东南亚和欧美国家的青年“修学旅游团”来华修学旅游。面对研学旅行的发展，中国国际旅行社等机构纷纷成立“研学旅行”接待部门，推出了许多具有文化资源特色的研学旅行线路产品，接待了大量的外国研学旅行者，播撒了国际友好的种子，传播了中华文化，向世界展示了真实立体的中国。

随着社会的发展，我国研学旅行的内涵更加丰富，继承和发展了传统的研学旅行观，成为青少年丰富知识、拓展国际视野、加深与自然亲近感的方式。在全球化的今天，我国的国际影响力与日俱增，越来越多的国际青年想来中国进行研学旅行，这是一个非常好的事情。见识决定了眼界，眼界决定了未来。作为世界未来的国际青年来华开展研学旅行，有利于让他们开阔眼界、增长知识，促进书本知识与生活经验的深度融合；有利于让他们深度了解中华文化的精髓，促进中西文明的交流互鉴；有利于让他们了解中国共产党带领全国人民共同奋斗的历程，感受中国智慧和中国理念；有利于让他们与中国青年互相了解，找到好朋友产生深厚的友谊，共同为构建人类命运共同体贡献力量。

冯友兰在《中国哲学史新编·自序》中写道："在世界上中国是文明古国之一。其他古国，现在大部分都衰微了，中国还继续存在，不但继续存在，而且还进入了社会主义社会。中国是古而又新的国家。"《诗经》有云："周虽旧邦，其命维新。"旧邦新命，是现代中国的特点。在国际青年来华研学旅行中，我们要把中国的这个特点发扬起来，吸引更多的国际青年来华体验并爱上中国，不断增强中华文化的生命力和影响力，创造中国新辉煌。

一、重点体验中华优秀传统文化

马克思说："人们自己创造自己的历史，但是他们并不是随心所欲地创造，并不是在他们自己选定的条件下创造，而是在直接碰到的、既定的、从过去承继下来的条件下创造。"[①] 习近平总书记非常重视中华优秀传统文化，并将其升华为"民族文化血脉"和"中华民族的精神命脉"。

在人类文明史上，古代中国、古代印度、古代埃及、古代巴比伦、古代希腊等文明古国中，唯有中华民族一直延续创造着博大精深的中华文

①《马克思恩格斯选集》第1卷，人民出版社2012年版，第669页。

化，为人类文明与进步做出不可磨灭的贡献。来华研学旅行的国际青年想了解中国，了解中华文化。因此，在研学内容上，让他们重点体验中华优秀传统文化。例如，讲解《竹书纪年》《尚书》《论语》《道德经》的相关故事；到孔子、孟子、老子、孙子、墨子、韩非子等古代名人的家乡参观，实地了解并切身体会这些名人的家乡风土人情及文化底蕴；到盘古开天地、女娲造人、神农尝百草、仓颉造字、精卫填海、炼石补天、后羿射日、嫦娥奔月、愚公移山等故事的发源地参访，深入了解这些故事的缘起及所蕴含的文化价值。

通过多层次、多角度、多维度地深入了解中华优秀传统文化，国际青年内心就会形成文化认同，更加理解中国天人合一的思想，更加客观地看待中国的发展，为他们认识和改造世界提供有益启迪。国际青年通过来华研学旅行感知天下兴亡、匹夫有责的担当意识；感知崇德向善、见贤思齐的社会风尚；感知孝悌忠信、礼义廉耻的荣辱观念（见图3-4）。这些在研学旅行过程中真实的感知能让国际青年认识到中华优秀传统文化不仅在过去为世界人类文明发展做出了重大贡献，也必能为当今世界做出自己的贡献。孔子在2500年前提出“和而不同”，不仅是人类处理相互关系的普遍原理，也深刻体现了中华文明处理人类难题的智慧。构建人类命运共同体的提出，就是这样的“中国方案”。因此，通过研学旅行，让国际青年深入探寻中华文明的实践智慧，认真体会中华优秀传统文化的世界观和价值观，这对他们人生价值观塑造及世界担当都有重要的意义。

二、重点体验红色文化

红色文化是在革命战争年代，由中国共产党人、先进分子和人民群众

图 3-4 在华留学生身着汉服相互问候

共同创造并极具中国特色的先进文化，蕴含着丰富的革命精神和厚重的历史文化内涵。红色文化是马克思主义基本原理同中国具体实际相结合的精神结晶，是对中华优秀传统文化和世界优秀文化的继承、发展与创新。

红色文化永远不是“过去的东西”，也不是“已经过时”，是中国人民在中国共产党的带领下经过艰苦奋斗而争取的，是人类和平事业的伟大胜利。在国际化的今天，我们更要宣扬红色文化，让国际青年懂得新中国的建立来之不易；我们要把这些可歌可泣的奋斗故事讲给来华研学旅行的国际青年，让他们深入了解红色文化，感受中国共产党人民至上的执政理念及为了全世界人民幸福而奋斗的发展宗旨。在研学旅行路线上，可以设计一条感受红色文化的国际青年路线，比如江西瑞金、湖南韶山、河北西柏坡……把这些充满红色文化底蕴的地方经过精心设计，形成一条红色文化研学旅行专线；还可以带领国际青年到黄继光、邱少云等革命英雄的家乡实地了解英雄的事迹，并通过青年喜闻乐见的方式，向他们讲述中国共产党为了人民过上好日子而进行革命的伟大故事。向国际青年传播中国革命故事，熔铸他们理想信念之“魂”，涵养他们核心价值之“源”，从内心上为中国共产党发声、为中国人民发声、为中国发声。

通过在华研学旅行，让国际青年更加全面地了解中国共产党的伟大贡献。中国共产党人的敢为人先让中国人民在艰难困苦中看到希望；中国共产党人的艰苦奋斗激励着中国人民在破除万难中取得胜利；中国共产党人的开拓创新更让中国的改革开放再获佳绩。当代中国取得的成就，正是来源于对红色文化的继承，来源于中国共产党对发展事业的执着和对时代进步的担当。

通过在华研学旅行，向国际青年弘扬红色文化，有利于帮助他们树立正确的世界观、人生观、价值观，坚定正确的理想信念，提高明辨是非的能力，提高看问题的格局，以更高的思维引领世界发展的趋势，成为具有担当使命的世界公民。

三、重点体验中国改革开放取得的成就

改革开放以来，中国在经济、科技、文化等领域取得了世界瞩目的成就。在庆祝改革开放40周年之际，习近平总书记铿锵有力地向世界宣示“中国改革开放永不停步”，展示了坚定不移将改革开放进行到底的决心和信心。

目前，在经济方面，中国已经是世界第二大经济体，对世界经济增长的贡献率达30%……尤其是党的十八大以来，解决了许多长期想解决却没

有解决的难题，办成了许多过去想办却没办成的大事，中国经济的发展深刻改变了当代中国和中国人民的命运，也深刻影响了世界发展进程。在科技方面，正在从“中国制造”向“中国创造”快速转变，在计算机技术、环境技术、工业机械、半导体以及汽车制造等领域，正逐步成为下一代行业科技的领导者。在文化方面，中国人民文化自信得到增强，中华文化的影响力也越来越大，许多中国文创产品在国际市场热销。

在来华研学旅行路线上，我们应系统、整体地设计以便国际青年更直接、真实地体验到中国改革开放取得的伟大成就。例如，在改革初始地深圳设计“改革之路”研学旅行路线，把中国改革的发展历程全面立体地展示给国际青年，让他们自己去思考和构建改革开放的成功之处。在北京、上海、广州等大城市设计研学旅行路线，让他们真实看到城市的发展与活力。当然，也要设计中国西部的路线，让他们看到中国正在深化改革，实现平衡发展，让所有人都过上幸福的现代化生活。

习近平总书记说：“改革开放是决定当代中国命运的关键一招，也是决定实现‘两个一百年’奋斗目标、实现中华民族伟大复兴的关键一招。”①通过在华研学旅行，让国际青年懂得中国的大门永远向世界开放，永远为世界的发展做出自己的贡献，永远欢迎对华友好的国际人士，希望他们在中国实现自己的人生价值和梦想。

青年是引领世界发展的有生力量。在多元化的世界，青年的力量越来越重要，让他们更加了解和理解中国，对国际青年的成长有益处，也对中国的发展有益处，是双赢的好事。因此，我们要站在时代的背景下，以新格局设计好国际青年在华研学旅行路线，给他们提供更多了解中华文化的

①中共中央文献研究室编：《习近平关于全面深化改革论述摘编》，中央文献出版社 2014 年版，第 3 页。

渠道、更多了解中国的平台、更多了解中国共产党的方式。

加强研学旅行交流合作，创新研学旅行方式，丰富研学旅行内容，不断提高研学旅行服务水平。充分运用文化节、文物展览、博览会、书展、电影节、体育活动、旅游推介等形式，助推中华文化国际传播。在研学旅行中，积极宣传推介戏曲、民乐、书法、国画、剪纸等我国优秀传统文化艺术，让国际青年在审美过程中获得愉悦、感受魅力（见图3–5）。运用国际青年喜闻乐见的方式构建全方位、多层次、宽领域的中华文化传播格局，让在华研学旅行更具文化味道。通过在华研学旅行向国际青年讲好中国故事、传播好中国声音、阐释好中国特色、展示好中国形象。

图 3-5　在华留学生体验中华传统文化艺术剪纸

做好“在华留学生第二课堂”的思路

交流互鉴是文明发展的本质要求。具有五千多年历史的中国以开放包容的态度，善于融通国外各种有益的思想文化资源，铸就了中华文化的辉煌，也推动了世界文明的发展。综观人类发展史，不同文化的青年互相交流与吸收知识，是人类文明发展的必然趋势。历史也昭示我们，一个国家的繁荣与昌盛，只有广泛吸取外来的优秀青年，形成不同文化磁场，文化才会具有旺盛生命力。当今世界，已是你中有我、我中有你，相互依存，正在形成人类命运共同体。这必然要求我们在“各美其美”前提下加强国际青年文化交流，实现“美美与共”。

自古以来，兼收并蓄、海纳百川的中国就是国际青年的向往地。新时代，随着中国经济的发展和国际影响力的提高，来华留学生人员规模不断扩大。据教育部网站消息，2018年共有来自196个不同国家和地区的49.22万名外国留学生到我国1004所高等院校学习，规模增速连续3年保持在10%以上。这些来华留学生学习专业课程和中国发展理论获益匪浅。为了使他们更加融入中华文化，适应跨文化的环境，开设“在华留学生第二课堂”十分必要。作为第一课堂的延伸和补充，第二课堂具有目标导向性、内容丰富性、形式多样性、机制灵活性及影响深刻性等特点，它将课堂知识融会到生活实践中，使在华留学生在轻松活泼的氛围中加深对中华文化的了

图 3-6 “在华留学生第二课堂”让更多国际青年爱上中国

解，从而喜欢并爱上中国（见图3-6）。

“在华留学生第二课堂”项目取得了丰硕的成果。以北京国际青年研修学院为例，学院开设了中国饮食文化课程（课程内容主要是讲授中国菜，讲解相关中国饮食文化知识）、中国书法课程（讲解书法的历史和技法，学生临帖）、中国文化讲座课程（课程内容包括中国历史、地理、茶文化、有趣的汉字、酒文化、舞蹈，武术、古建筑、戏曲、手工讲座等）等。这些课程极大丰富了在华留学生的生活，中华文化“润物细无声”地深入了他们的脑与心。为了配合第一课堂教学，学院每学期还为学生组织相关实践活动课程（走进社区——中国戏曲体验活动，中国古建筑——走进天坛，中国木艺课堂、中国非物质文化遗产——皮影艺术、中国魔术等），这些活动深受广大留学生喜欢，形成了影响力。

“在华留学生第二课堂”在理解文化多样性，尊重其他国家和民族文化特殊性的基础上，开放自信地使中华文化与其他文化交融和互鉴，避免了文明冲突，实现了文明和睦，让在华留学生成为彼此的好朋友。为了使该课堂发挥更大的作用，更好地让在华留学生了解中华文化，应在以下三点进行深入思考。

一、融入“思政元素”

世界各地的来华留学生都是青年佼佼者，他们都带有自身国家的文化烙印，彼此文化差异较大，在学习生活中容易产生误解和偏见。因此，运用喜闻乐见的方式在“在华留学生第二课堂”中融入“思政元素”更能帮助学员在思想上形成默契，拉近彼此的距离，更好地进行文化交流，使中华文化得到更深的认同。

“在华留学生第二课堂”开展中通过组织公开课观摩、社会调研、树立典型、文化体验等方式，引导在华留学生学习社会主义核心价值观和中国梦的内涵，让他们理解和认同中国的发展理念。在内容设计上，紧密围绕理想信念、文化交流、奋斗精神、人类命运共同体等方面展开。例如，在中国历史课中讲述孔子的故事，弘扬仁爱精神。在丝绸文化课程中，可以讲述张骞出使西域开辟“丝绸之路”的伟大历程和奋斗精神。在美食课程中，可以运用包饺子等形式阐述中国“和而不同”的文化理念……

思想政治能保证青年人在正确的道路上越走越远，取得事业上的成功。为了在华留学生的健康成长，我们有义务用思想政治来丰富他们的头脑，从而达到和谐与共。但是，在“在华留学生第二课堂”融入“思政元素”要巧妙，不能生硬，这样才能达到春风化雨的效果，让更多的在华留学生受益一生。

二、与当代中国发展紧密结合

习近平主席在莫斯科国际关系学院发表《顺应时代前进潮流 促进世界和平发展》的演讲时阐述了“鞋子合不合脚，自己穿了才知道”的理念，一个国家的发展道路合不合适，只有这个国家的人民才最有发言权。在中国共产党的领导下，经过艰苦卓绝的奋斗，中国人民不仅站起来了，而且富起来了，并且正在强起来，这充分说明了中国特色社会主义道路的正确性。

随着中国经济的发展，移动支付、移动网络、人脸识别等数字技术快速普及，推动了经济的创新驱动发展，为人类贡献了中国智慧。

“在华留学生第二课堂”应与当代中国发展紧密结合，让在华留学生感知现代化的中国，感知中华文化的魅力。例如，在书法课程中，加入3D数字技术，展示书法与现代技术的完美结合。运用互联网技术讲解茶课程，将茶艺、茶礼、茶境通过网络展现出来，产生惟妙惟肖的效果。

当代的中国以更加自信的姿态走进世界的舞台，讲述并分享自己发展的理念，希望不断创造出更多利益契合点和合作增长点，让世界人民都过上好日子，推动全世界的繁荣稳定。在华留学生能真切地感受到中国发展的日新月异，通过体系课程的学习更能形成思想上的共鸣，主动讲述当代中国发展的故事。

三、丰富内容使其更有融合性和亲和力

“在华留学生第二课堂”作为对外国青年提供体验中国传统文化的载

体，为更多的外国青年了解中国传统文化提供了学习的平台。在这个大家园里，青年们共同参与分享，亲身体验了茶道、剪纸、中华美食、古琴、武术、中医等特色课堂活动（见图3-7）。特别是“友谊厨房”烹饪体验课受到外国青年朋友的广泛欢迎，他们通过中华美食的体验与交流，不仅深入地了解了中华文化，还建立了深厚的友谊。

图3-7　在华外国家庭一起体验中国文化项目

基于此，我们要采取多方措施丰富“在华留学生第二课堂”内容使其更有融合性和亲和力，成为国际青年互相交流学习向往地和打卡地。例如，在“友谊厨房”烹饪课程中，鼓励吸引更多的国际青年展示自己家乡的美食，积极围绕中华美食进行良好的互动交流，加强文化互鉴与融合的广度与深度，培养更多的“知华、友华、爱华、挺华”国际友好人士。在中医课程中，加入现代医学知识讲解修身养性、健体、防病等，让在华留学生切实感受到中医的精髓。在中国汉语课程中，多讲述造字故事，通过说文解字让在华留学生真真切切地去体验、去触摸、去感悟、去思考，提升他们学习汉语的兴趣（见图3-8）。

图3-8 在华留学生学习中国书法

“在华留学生第二课堂”作用重大，不仅帮助在华留学生丰富知识、提升能力，更能促进文明互鉴，提升中华文化世界的影响力。因此，我们要下真功夫、实功夫、深功夫，加强课程的开发，让在华留学生学有所获，让中华文化在他们内心开花结果。

亚非青年联欢节：开启亚非友好合作青春篇章

亚非是人类文明的重要发源地，文明互鉴和传统友谊是亚非团结合作的重要基石。60多年前，亚非国家老一辈领导人相聚于万隆会议，共同确立了“团结、友谊、合作”的万隆精神。2015年4月22日，习近平主席在亚非领导人会议上宣布，中国将连续在华举办亚非青年联欢节。该项目计划5年间邀请2000名亚非青年代表来华参加青年联欢节，旨在弘扬万隆精神，增进亚非青年之间的理解与合作，夯实亚非合作共赢的社会基础，推动亚非命运共同体的建设。

截至2019年，已经连续成功举办4届。在2016年7月28日首届亚非青年联欢节开幕之际，习近平主席专门发来贺信，指出亚非大陆地理相连，亚非人民心心相通。亚非两大洲都是人类文明的重要发源地，是全球四分之三人口的共同家园。亚非国家老一辈领导人共同确立的团结、友谊、合作的万隆精神，为推动亚非合作乃至国际关系朝着正确方向发展发挥了重大作用。亚非国家要联合自强、加强合作，构建宽领域、多层次、全方位亚非合作新格局，更好造福亚非各国人民及其他国家人民。

每届亚非青年联欢节上，来自不同种族、不同肤色、不同语言、不同文化的青年们共同参与专题论坛、讲座、文化体验、拓展训练、洽谈交流等一系列活动，做亚非传统友谊的传承者，做亚非和平稳定的维护者，开启了亚非友好合作的青春篇章。

在2016年首届亚非青年联欢节上，泰国民主党众议院议会前议员谭昆·集狄萨拉说，他对于中国历史充满了兴趣，最喜欢汉朝、三国和唐朝历史，从小喜欢看历史武侠小说和武侠电视剧。在2017年第二届亚非青年联欢节上，津巴布韦非洲民族联盟书记、旅游接待产业部副部长安娜丝·恩德洛武表示，虽然相距遥远，但亚非联欢节已成为我们加深友谊的重要平台，中国有很多值得非洲国家借鉴的经验。在2018年第三届亚非青年联欢节上，坦桑尼亚革命党青年团中央组织、政治事务与国际关系书记穆罕默德·阿利亚尼·阿卜杜拉表示，亚非青年联欢节为中国、亚洲以及非洲国家之间的友好合作营造了很好的氛围。很高兴看到众多年轻的青年领袖，来自政府、工商以及学界的代表相聚于北京，期待亚非青年联欢节能够推动亚洲、非洲和中国青年之间开展更多的务实合作。在2019第四届亚非青年联欢节上，"丝绸之路"国际青年联盟主席阿伊坦·阿里耶娃表示，中国提出的"一带一路"倡议，为沿线国家和地区带来了非常积极的影响，它能够通过建立各国之间的联系网络，促进青年群体之间的跨文化、跨宗教对话，进而开展更多基于信息、知识和经验的合作项目，为青年创造稳定、可持续的创业发展机遇。

国之交在于民相亲，民相亲关键在青年交往。每届亚非青年联欢节都精彩纷呈，展现了亚非青年的精神面貌。这些来自政府、国际组织、社会组织、企业、传媒、高校等各个领域的亚非青年代表在短短的几天内从陌生走向熟知，在思想碰撞间建立起联系，分享机遇和梦想，结下了情谊，成为好朋友、好姐妹、好兄弟，对中国有了更进一步的了解。

一、增进了文化共识

当下，人类已经成为你中有我、我中有你的命运共同体。亚非青年联欢节使各个国家的青年代表一起聊天、一起研讨、一起参与活动，在多元中求共识、差异中求会通，增进了文化共识。

在首届亚非青年联欢节中，马来西亚青年代表、民政党全国青年团团长陈庆亮专门前往王府井、南锣鼓巷游览。在南锣鼓巷，他特意选购了几件中国娃娃纪念品，作为送给儿子的小礼物。埃及青年代表艾哈迈德·阿米尔说："谈到中国文化，真的很棒，我要写一本关于中国文化的书。"参加联欢节活动的大多数代表是第一次来到中国，很多非洲代表甚至是第一次来到亚洲。通过联欢节期间的深入交流，他们对亚洲与非洲、中国与非洲之间的文化多样性有了更深刻的感受。

对于第四届亚非青年联欢节伊朗代表雷茨婉·扎雷来说，她是第一次来到中国。当她参观庆祝中华人民共和国成立70周年大型成就展后，对中国目前经济发展的成就十分感慨，她表示自己"对中国社会和文化的认同进一步加强"。如图3-9所示，虽然这些亚非青年代表的语言、习惯等不同，但他们有很多共同的话题，如社会、经济、文化、环保、就业等。他们在交流中，产生了强烈的责任感、认同感和使命感。

二、增大了交流沟通

习近平主席在吉尔吉斯斯坦媒体上发表的署名文章中引用了吉尔吉斯斯坦谚语"兄弟情谊胜过一切财富"和中国名言"兄弟同心，其利断

图 3-9 第四届亚非青年联欢节上国际青年代表们展示自己的剪纸作品

金”。青年在交流沟通中尽可能将最全面、最深入、最真实的一面展现给彼此，开拓彼此了解与认知的视野，对彼此有全面、深入、客观的体会，厚植了彼此的情谊，使友谊历久弥坚。亚非青年联欢节为青年搭建了分享思想的平台，提供了新的契机和切入点，增大了交流沟通。

在第四届亚非青年联欢节上，各国青年代表提及最多的收获是与亚非其他国家的青年朋友们建立友好交流关系。伊朗代表哈娜萨达特·哈贾·阿里·穆罕默迪·穆萨维说，在亚非青年伙伴合作洽谈会上，她分享了自己所在咨询公司致力于推动性别平等的概念，之后有很多代表对此表现出浓厚兴趣，并与她交换名片。约旦代表瓦利德阿布·纳达则信心十足地承诺自己回国后一定会与其他参会代表继续保持联系。如图3-10所示，各国代表们愉快地参与了多项互动活动。

在交流合作中，中国青年代表张丽娟也觉得受益匪浅。她说："通过与其他亚非国家青年代表的交流，我了解到了更多的与公共服务和社会工作相关的设想，给了我非常大的启发。我会进一步关注更多亚非国家的社会工作和公共服务案例，以便今后更好地参与亚非青年交流活动和项目。"

图 3-10 第四届亚非青年联欢节上国际青年代表们参加互动活动目

网络的发展更为亚非青年交流合作提供了便利，加深了彼此联系的密切度。青年代表们充分利用网络资源，利用新媒体平台，把参加的各种会议、活动、所见所闻等以发文字、晒图片、传视频等形式在网络展示，形成了互动的"朋友圈"。

三、增强了务实合作

青年之间务实合作是夯实深厚友谊的民意基础。亚非青年联欢节为青年在文化、艺术、能源、经贸、教育、卫生、旅游等领域的务实合作搭建了广阔的平台。通过务实合作，为青年的成长注入了力量，实现了他们的梦想。

在第四届亚非青年联欢节亚非青年创业论坛上，巴基斯坦健康和教育社区项目创始人凯瑟·纳瓦布认为，巴基斯坦正是得益于"一带一路"倡议下中巴经济走廊的建设，才能够有更多机会去帮助本国青年创业家们对接企业资源，打造更多的合作伙伴关系，让青年企业家在全球治理的发展中发挥更多作用。尼日利亚代表史密斯·奥拉达波·伊库马帕伊说，可以如此系统地了解和学习“一带一路”倡议，非常难得。感谢中国参与非洲基建设施投资、助力非洲发展。亚非青年联欢节以务实的态度，以开放包容的精神，想青年之所想，为青年整合资源，打造合作平台，让青年感受到了切实的获得感（见图3-11）。

图3-11 亚非青年代表发表演讲

亚非青年联欢节弘扬了“团结、友谊、合作”的万隆精神，让亚非友好合作的接力棒在青年手中代代相传。面对新的机遇与挑战，亚非青年要继续坚持万隆精神，休戚与共，做亚非友谊的传承者，做务实合作的参与者，做可持续发展的推动者，共建美好家园。

体验中国文化的价值内涵

具有五千多年悠久历史的中国文化以其独特的魅力和强大的生命力，引领了世界文明的发展，促进了世界文化的繁荣，改变了世界发展的格局，对人类的进步产生了深远影响。造纸术、火药、指南针、印刷术等中国文化在与世界文化融合发展的过程中焕发了无与伦比的活力，推动了世界社会经济的快速发展，让世界充满了对中国的神往。马可波罗在体验中国文化后，赞美中国是“物产丰富的天朝大国”。在人类历史长河中，中华民族积淀了深厚的文化自信，坚持创造性转化、创新性发展，不断铸就了中国文化新辉煌。历史和现实都证明，在与世界文化碰撞融合中，中国文化既坚守本根又不断与时俱进，使中华民族保持了坚定的民族自信和强大的修复能力，培育了共同的情感和价值、共同的理想和精神。

中国文化认同善良。战国时期，孟子的“性善”说，认为人本善良，人人皆有“恻隐之心、羞恶之心、恭敬之心、是非之心”。荀子提出了“性恶”说，但他认为“恶人”经过社会教育便可向善，人的最终归路就是善良。善良是中国人民内心的基因，是中国文化永不褪色的印记。在中国文化的影响下，中国人民数千年来追求一个“善”字：与人处事，强调心存善良之意；与人交往，讲究与人为善；与己要求，主张独善其身。例如，公元630年至834年的200年，日本19次派遣使者来华，规模之大少者200人，多者500人至600人。善良的中国人民无私分享经济、文化等成果，助推了日本的发展。

中国文化崇尚和平。尧舜禅让，千百年来传诵不绝。春秋战国时期，虽兵事不断，但崇尚和平仍是主流。墨子提出“兼爱”,“非攻”，孔子讲“礼”，孟子、荀子则说“行一不义，杀一不辜，而得天下，不为也”。

在中国文化的影响下，中国人民看得开，放得下，想得明白，过得洒脱。“宠辱不惊，去留无意”，平和待人处事的中国人民对和平有着坚定的信仰。鉴真6次东渡，实现了中国人民与邻国友好交往的真诚愿望，推动了世界的和平发展。

中国文化海纳百川。“道并行而不相悖”始终是中国文化的底蕴。从历史上看，随着丝绸之路、海上丝绸之路，许多外来文化进入中国地域，中国文化以其特有的张力包容同化着这些外来的文化，共生共融推动人类社会的发展。例如，在中国的许多寺庙中，往往存在着儒、释、道三教并祀一堂的现象，这说明了中国文化特有的包容性。世界不同的文化，都能在中华大地上得到融合与发展。在中国文化的影响下，中国人民养成了宽以待人的品格。孔子说：“宽以济猛，猛以济宽，政是以和。”宽容展现了中国人民的大度、展现了中国人民的涵养。面对外来文化，中国人民以开放和包容的心态平等对待世界各国，在交往中相互学习，友好往来，让中国文化走向世界，让世界了解中国文化，促进世界不同文化的和谐与共。

中国文化特有的品质，让世界人民体验到了东方文化的魅力和智慧。千年时光弹指一挥间悄然滑过，中国进入了伟大的新时代。习近平总书记强调，文化是一个国家、一个民族的灵魂。文化兴则国运兴，文化强则民族强。没有高度的文化自信，没有文化的繁荣兴盛，就没有中华民族伟大复兴。青年是国家的未来，也是文化传承创新的重要力量，青年文化自信是中国发展的基本和持久力量的原动力。在新时代，充满文化自信的青年积极与世界文化交流，讲好中国文化故事，传播中国文化声音，引领了文化思潮，吸引了国际青年体验中国文化，提升了中国文化的影响力。

一、加深国际青年对中国文化的认同

从世界文明发展史来看，中国文化包涵了超越时空、跨越国度的价值，对人类文明进步和人类共同价值做出了重大贡献。在全球化的今天，文化是世界交流互鉴的重要力量，青年因文化而凝聚在一起共同推动社会的发展。我们要站在中华民族永续发展的立场，发扬中国文化的精神，以包容的态度让国际青年来分享中国文化的营养，帮助他们走好学习之路、智慧之路、发展之路，从根本上认同中国文化的价值和意义。

青年既是国家的未来，也是世界的未来。在国家与社会发展中要承担个人更大的责任，首先要有爱国思想、家国情怀。每位青年都是爱自己国家的，维护国家的利益是最高的原则，这一点国际青年具有高度的一致性。中国文化中蕴含非常丰富的家国情怀，加深国际青年对中国文化认同可以提升他们的爱国思想，为国家做出更大更出色的贡献。“修身齐家治国平天下”自古是中国人的理想追求，也是中国文化中一脉相承的思想。因此，中国文化里既有“天下兴亡，匹夫有责”的深刻认识，也有“苟利国家生死以，岂因祸福避趋之”的伟大担当。在青年与世界的互动中，应包含中国文化中的这种家国情怀，展现青年的担当与责任。除了家国情怀，和谐思想在中国文化中也具有重要的地位。中国文化的和谐思想体现为人与人之间的和谐，个人与大自然之间的和谐，个人与社会之间的和谐，国家与国家之间的和谐。深刻理解并认同这种“和谐”的思想，有助于增进国际青年对纷繁复杂社会生活的认识和理解；有助于帮助国际青年充分理解当代中国的外交及构建人类命运共同体等大政方针；有助于国际青年形成胸怀天下的格局境界。这种和谐的思想，能帮助国际青年提升处理好个人与社会关系的能力，能帮助他们提升国际视野和眼界，认清世界发展趋势。国际青年对中国文化中所蕴含和谐思想的文化认同，是参与国际事务重要的内容。

不同的文化构成了世界文明。各个国家在风俗信仰、生活方式、文化艺术、思想理念等方面都有不同的文化。正是这些不同的文化相互碰撞与融合产生了五彩缤纷的世界。虽然文化不同，但其本质是相同相通的，爱国与和谐是世界的共同追求。不论中国的文天祥还是波兰的肖邦，都以一颗爱国之心赢得了世界人民赞誉，这说明中国文化具有世界文化共性。随着经济全球化和文化多样化的发展，中国文化需要提高开放水平，广泛参与世界文明对话，向世界展现其独特魅力，增强国家文化软实力，为世界的发展提供中国智慧和中国方案。在世界的发展中，青年是联系世界各国的桥梁与纽带，是实现和谐世界的有生力量，更是实现世界梦的重要力量，博大精深的中国文化是国际青年力量的源动力。青年的文化思想决定着世界未来的发展格局，青年因世界而发展，世界因青年而改变。因此，让国际青年体验中国文化能加深他们对中国文化的认同，这对中国的发展、对世界的发展、对人类的发展都有重要的现实意义。

二、促进中国成为国际青年的向往地

中国文化之所以到现在还生生不息，一个重要的特征就是包容并蓄。在我国文化理念里，对于外来的异质文化，一方面接纳他们，包容他们，尊重他们自己的特色；另一方面把外来异质文化中的一些成分、因素吸收、融合进来，充实、丰富我们自己民族的文化。用费孝通先生的话来说，这种对于不同文化、不同文明的态度，就是“各美其美”“美人之美”。例如，平安夜本来是一个西方的节日，却衍生出了中国特色。吃苹果寓意平安是中国人结合平安夜，加上中国文字而创造出来的。随着中国经济的飞速发展和国际影响力的不断提高，这种强大的包容性吸引了世界各国的人来中国工作和生活，中国逐渐成为国际人士的向往之地。

据统计，英、美两国每年接待的非洲留学生大约在4万人次左右。而早在2014年，中国的非洲留学生已经超过了这个数字，当时的中国就已经成为非洲留学生排名第二受欢迎的目的地，仅次于法国，接待了9.5万人次的学生。到了2019年，中国成为非洲留学生最向往的留学目的地。如图3-12所示，亚非青年共同完成竹竿舞。随着中国的教育越来越趋向于国际化，中国接受的不仅仅是来自非洲的留学生，来自世界各地的留学生也日益增多。这些留学生学习中国文化后，在就业等方面获得了更多的机会。教育部部长陈宝生说：“中国将成为世界上人们最向往的留学目的地，将有各国愿意和中华文化实现交流融合、学习交流中国发展经验的有知识的学生、老师来中国交流，并在交流中实现共同进步。”中国不仅是留学生的向往地，也是科技人才的向往地。2012年，曾在美国耶鲁大学工作的西班牙遗传学家何塞·帕斯特-帕雷哈放弃耶鲁大学研究职位并移居中国。他说：“这里的研究经费有保证，有充足的技术人员以及从头开始建立遗传学研究中心的机会。”在科学领域正在迅速崛起的中国已成为越来越多科技青年人才的向往地，当然也是国际青年艺术和爱情的向往地。神秘的东方文化吸引了世界各国的青年来中国进行艺术创作，中国经济的发展吸进了世界各国青年来中国寻找爱情。例如，非洲坦桑尼亚的女人都希望能嫁到

图 3-12　亚非青年体验竹竿舞

中国做媳妇。

“让中国文化不再遥远。”以有思想有内涵有感情为角度让国际青年体验中国文化，形成了中国对外文化交流、经贸往来的巨大推动力，促进了中国成为国际青年的向往地。

三、推动青年文明交流互鉴

中国文化之所以生生不息，一个重要原因就是不同文明之间平等对话、交流互鉴。正如习近平主席所说：“文明因多样而交流，因交流而互鉴，因互鉴而发展。”[1]文明交流互鉴，是推动人类文明进步和世界和平发

①习近平：《深化文明交流互鉴 共建亚洲命运共同体》，《人民日报》2019 年 5 月 16 日。

展的重要动力。

近年来，习近平主席提出构建人类命运共同体的主张，受到国际社会普遍欢迎。这一主张通过文明交流增进共识、推动人类社会繁荣进步，反映了中国文化追求和平、和谐，建设大同世界的理想，反映了人类社会发展潮流和诉求，是各国人民共同追求美好生活的必由之路。青年文明交流互鉴是当今时代主流，也是世界文明发展的必然趋势。青年在交流互鉴中使文明更具有丰富内涵与深厚底蕴，进而形成强大生命力。2015年10月26日，习近平主席在联合国教科文组织第九届青年论坛开幕式致贺词中表示：“世界的未来属于年轻一代。全球青年有理想、有担当，人类就有希望，推进人类和平与发展的崇高事业就有源源不断的强大力量。希望各国青年用欣赏、互鉴、共享的观点看待世界，推动不同文明交流互鉴、和谐共生，积极为构建人类命运共同体添砖加瓦。”为此，我们应推动不同文明和谐共处，让青年文明交流互鉴成为增进各国人民友谊的桥梁、推动人类社会文明进步的动力。

交流互鉴的种子最容易在青年的心灵里生根发芽。长沙铜官窑的瓷器在数千年前，曾沿着海上丝绸之路远销世界29个国家和地区，与各国文化交融碰撞。千年之后，长沙铜官窑“泥人刘”工坊内，一抔小小的陶土却难倒了拉脱维亚留学生欧文。他一次次试图将陶土拉胚塑形，效果却不尽如人意。欧文对此并不沮丧。相反，他笑着说：“其实我家乡的黑陶土很有名，但如今我们的各种手工技艺正在流失。像今天这样的体验能够帮我们重拾被遗忘的文化，这也正是我们跋山涉水来到这里的原因。”巴基斯坦青年纳姆拉在参观湘绣、面塑、剪纸、核雕等湖湘非遗展示时表示：“希望把好的做法带回自己的祖国。”并认真地记录下中国匠人对于非遗传承的心得。在“在华留学生第二课堂”体验中国茶文化活动中，来自巴基斯坦、老挝、泰国、日本、赞比亚等国家的留学生在品茶活动中体验了中国茶文化的魅力。留学生不但见识了绿茶、红茶、白茶、黑茶、黄茶、青茶等不同种类的中国茶，认识了不同形态的茶具，了解了中国茶艺的基本礼仪，而且品尝了中国茶的独特韵味。留学生们纷纷表达了对中国茶的喜爱："中国茶文化太丰富了，不同茶有不同的味道这很有意思，我很喜欢。"通过瓷器、剪纸、茶、美食、香道、文字、音乐、时尚等系列活动让国际青年体验中国文化，使他们感知了东方智慧（见图3-13）。

图3-13　在华留学生展示自己的剪纸作品"喜"字

通过听觉、味觉、触觉、视觉和嗅觉等方面体验中国文化让国际青年深度感知中国文化的博大精深（见图3-14、3-15），在他们内心形成了不褪色的文化印记，加深了对中国文化的理解。在网络时代，我们要运用

图 3-14　来华日本青年体验剪纸

图 3-15　来华日本青年相约“友谊厨房”

互联网科技及人工智能融入现代艺术和文化，通过互联网线上体验式的参与、展陈及线下活动等方式将中国传统和人文逻辑相融合，创造多重维度的体验方式，向世界展现真实、立体、全面、深远而伟大的中国文化和国家形象。

青年最有生机活力、最具创新精神，是文明交流互鉴的生力军。让国际青年体验中国文化能培养一批具有全球视野的多元化青年领军人才，推动世界青年相知相识、互学互鉴，促进世界各国的交流合作，为世界和平与发展做出贡献。

04

交流互鉴

Jiao Liu Hu Jian

- 古琴音乐传播中华礼乐情文化
- 中国书法漂亮有动感
- 感受中华美食奇妙味道
- “饺子加醋” 快乐到飞起来
- 文化交流：播撒增进中日青年友谊的种子
- 多形式国际培训　提升青年创新创业能力

古琴音乐传播中华礼乐情文化

中国古琴起源可追溯到中华民族初创时代，传说中有“伏羲作琴”“神农作琴”“舜作五弦之琴以歌南风”等。中国古琴以其深邃、空灵的音色展现了古朴典雅、清渺悠远的精神境界，几千年来成为文人墨客表达礼仪、传递乐观、抒发情感的重要乐器。古琴高雅、超逸的气质超越了音乐本身的境界，是中国古代精神文化在音乐方面最具有象征性的代表。新中国成立以来，随着中华文明在世界的广泛传播，古琴被视为东方文化的象征。2003年11月7日，中国古琴艺术正式列入世界第二批“人类口头和非物质遗产代表作”，成为全人类共同的文化财富。

从“入遗”至今，古琴以其独特的韵律向世人演绎着音乐之美，在全球表达着中华文化的意境。2008年北京奥运会开幕式上，古琴向全世界演绎了底蕴厚重的中华文化，为古琴艺术的发展提供了强大动力。古琴犹如一叶扁舟，在中华文化长河中，经历着风雨的考验，传播着中华古老的音乐文明。在互联网时代下，古琴文化如同西方的钢琴一样走进了世界人民的生活并促进了世界音乐文化的多元化发展，向全世界传达了中国精神，赢得了越来越多人的喜爱。祖籍中国浙江的美籍著名音乐艺术家张华，用古琴把“中国声音”带到日本、欧洲、美洲等地，让越来越多的华人和外国朋友热爱和喜欢这种古老的、优美动听的中国器乐，了解这种古老的中华文化。张华不断追求艺术创新，用古琴演奏《高山流水》《春江花月夜》等名曲，音色清脆明亮，旋律流畅优美的韵律把中华文化演绎得淋漓尽致，让人犹如进入优美的大自然，深受海内外听众的好评。随着古琴音乐影响力的不断扩大，越来越多的国际青年对古琴产生了神往。

2019年9月，来自哈萨克斯坦、斯里兰卡、泰国等国家的青年在“在华留学生第二课堂”活动中体验了古琴，弹奏了经典曲目（见图4-1、4-2）。在老师的指导下，这些国际青年还用古琴演奏了2008年北京奥运会的经典主题曲*You And Me*。在古琴体验中，这些青年从合唱到合奏学得有模有样。不少有着学习吉他经验的学生还认真对比了两种乐器的相通之处，和老师进行了深入交流。音乐无国界，国际青年们通过古琴的体验，了解了中

图4-1 在华留学生学习中国古琴

图 4-2　在华留学生感受中国古琴的魅力

华音乐文化的魅力，以音乐的形式加强了交流互鉴，促进了心相通。

中西方音乐美学的交流促进了文化的融合发展。西方最早是通过传教士、旅行者的游记、信件和札记来认识中国音乐的。这些碎片化的资料，开辟了中国音乐西传的先河。16世纪起，中国传统音乐美学理论随着中国先秦诸子百家“修身”“齐家”“治国”“平天下”的著作逐渐被译成西方文字而西传。《礼记·乐记》提出了“天地人和”的音乐审美及其“通政治，和民心”的社会功能。《仲夏纪》和《季夏纪》提出了“声出于和”与“和出于适”的音乐审美理论，认为“适音”是音乐的最高境界，反对“侈乐”。《论语》提出中国音乐的最高境界是“尽善尽美”，“将伦理道德置于艺术美之始”。《孟子》认为“乐之实，乐斯二者”，音乐表现的是因仁义而喜乐的感情，强调“仁言不如仁声之入人深也”的教化功能。《淮南子》在各篇中反映出道家“大音希声”的美学观点。先秦诸子百家的经典中有关音乐美学的论述为18世纪欧洲掀起的“中国热”在音乐文化上有所体现奠定了坚实的基础。

19世纪至20世纪，来华西方人数量逐渐增多，他们对中国传统音乐表现出浓厚的兴趣，推动了中西音乐文化的交流。给人以沉稳、清幽、高洁之感的古琴曲，吸引了更多西方受众，并逐步进入西方主流社会。青年是音乐文化交流的主要力量，运用中国古琴音乐文化向国际青年传播什么样的中华文化、如何积极参与国际青年对话，是我们要思考的问题。

一、传播礼仪文化

中华民族是“礼仪之邦”。礼仪在古代社会规范着人的道德和行为，是文明的象征。《周礼》《仪礼》《礼记》三部专门阐述礼的经典著作在中华中有举足轻重的地位。《左传·隐公十一年》所谓：“礼，经国家，定社稷，序民人，利后嗣者也。”用悠悠的古琴音乐之美来表达礼仪的内涵，传播中国人民对宇宙天地的敬畏，对德性的追寻，对和谐的追求，以及对美好生活的期待，更能得到国际青年的理解与认同。

2015年，习近平主席在新加坡指出：“和平发展思想是中华文化的内在基因，讲信修睦、协和万邦是中国周边外交的基本内涵。”[①] 自古以来就坚持“九族既睦，百姓昭明，万邦和睦”发展理念的中国，是一个爱好和平、讲求睦邻友好的礼仪国家。“穷则独善其身，达则兼济天下。”中国发展和强大了，给世界带来的是机遇、和平与进步。但是，有些西方国家面对中国的发展却产生了疑虑和偏见，这对世界的发展是极为不利的。历史已经证明，中国这头醒来的“东方雄狮”不是侵略性的狮子，而是自古以来就主张“协和万邦”讲礼仪的可爱狮子。在国际交流中，我们要运用好

①习近平：《深化合作伙伴关系　共建亚洲美好家园》，《人民日报》2015年11月8日。

古琴音乐的音符，向国际青年传播中华礼仪文化，让更多的国际社会人士了解中华文化，热爱中国。

二、传播音乐文化

音乐是中国人灵魂构建的重要部分。考古发现，中国音乐可追溯至7000多年前，中华民族在几千年的历史长河中，创造了丰富的音乐文化。孔子提出了“兴于诗，立于礼，成于乐”的理论，从孔子传六艺到唐代的胡琴再到近代的西方音乐，中国音乐又在吸收外来音乐要素的过程中不断充实发展。

中国音乐丰富了西方音乐。英国作曲家班托克基于《茉莉花》旋律创作了一首二部卡农曲。美籍俄罗斯作曲家阿巴扎将信天游、西北山歌等极具地方特色的小曲改编成钢琴曲《16首中国曲调钢琴小曲》。阿隆·阿甫夏洛穆夫以民歌《孟姜女》为基础创作了同名歌剧。此外，中国音乐文化也影响着西方音乐的创作，其中最典型的是被誉为“音乐哲学家”的美国作曲家约翰·凯奇，他受到《易经》的启发，创作了《变化的音乐》和《4分33秒》。中国音乐促进了中西方音乐的融合进步，为人类音乐的发展提供了源泉。音乐是国际青年共同的语言，在音符的跳跃下大家的思想汇聚在一起共同感受浓厚的艺术气氛。古琴是中国传统乐器的经典之作，是文人四艺“琴棋书画”之首，历史悠久，而且在民族器乐当中，它蕴含丰富的文化内涵，具有崇高的历史地位。在国际交流中，我们要运用古琴音乐向国际青年传播好中国音乐之美、中国音乐之妙、中国音乐之情，在音乐中让他们感受到中华文化的魅力，用音乐来影响他们的思想，从而培养更多的“知华、友华、爱华、挺华”的国际友好人士，对中华文化有很好的认知、对中国人民有深厚的友谊、热爱当代中国、在关键时刻力挺中国。

三、传播友情文化

在中华文化中，友谊意味着朋友间一生的信约，是要慢慢培养的，因为友谊一旦形成就终身相随。中国人所交的朋友必须是志同道合，兴趣相投，性格相近，否则就不能为真正的朋友，只能算是点头之交。自古以来，中国人民都知道知音难觅，想要寻找到一个懂自己欣赏自己的人是很难得的。古时候俞伯牙和钟子期的高山流水，就是中国人对于友谊观念的体现。

俞伯牙是春秋时期的著名音乐家，他善于弹古琴，优美动听，琴声美妙，琴技高超。但是伯牙知道，没有人真正懂他的琴声，他自然也不在乎这些人的评价。伯牙在游历的途中一直寻找着自己的知音，寻找一个真正懂他琴声的人。后来他遇到了钟子期，这个男子能解出伯牙琴音之处的情感和表达的心意。音乐拉近了两人的距离，他们俩开始谈论琴法和乐理，越谈越投机，相见恨晚，于是结拜为兄弟。钟子期过世之后，俞伯牙因好友离世将琴摔了，从此不再弹琴。由此可知，中国人一旦确定友谊，朋友相互之间就会相互关心、彼此依存。因为要彼此依存相互联系，从而也形成了非常有特色的中国式的友谊交流方式。

中国人非常重视友情。600多年前，郑和下西洋倡导不欺寡、不凌弱，从而促进了中国和亚非国家人民的友好往来。新中国成立后，在平等互利的基础上和非洲国家开创了中非关系的新纪元，实现了中国和非洲的发展振兴，开展了多种形式的务实合作。中非艰难时刻的患难与共体现了友谊的浓度和深度。2008年5月及2010年4月中国汶川、玉树等地先后发生重大地震灾难，经济发展相对滞后的非洲国家却踊跃向中方捐款。比如，长期贫困落后、仅有101万人口的非洲中西部小国赤道几内亚就捐款100万欧元，这相当于每位国民捐出1欧元。同样，当非洲国家遭遇饥荒和疫情的冲击时，中国总会火速伸出援手，与他们携手渡过难关。如2011年夏，索马里等非洲国家和地区遭受严重旱灾时，中国在短时间内2次宣布向受灾国家提供总计4.432亿元人民币的紧急粮食和现汇援助。2014年3月，当几内亚、利比里亚、塞拉利昂等西非国家暴发埃博拉疫情后，中国先后分4批提供了总计达7.5亿元人民币的援助物资和资金。塞拉利昂外交部长高度赞扬中国的帮助是在灾难时期显示出的“真正友谊”。

历经风雨的考验，中非友谊向世界证明了中国的友谊观，爱交朋友、交好朋友、交真朋友，在困难面前齐心协力，共同分享美好的成果。中国的古琴音乐是有感情的音乐，是高山流水的表露，是友情的升华。在国际交流中，我们要运用古琴音乐的情感内涵向国际青年传播好友情文化，让他们身与心上切实感受到中国的真情实意、感受中国人对友情真挚的追求、感受到中国友情文化。在人类命运共同体的当下，我国希望与国际社会建立友谊，不断扩大“朋友圈”，以友情为桥梁和纽带共谋发展，共同为人类的福祉做贡献。

中国古琴音乐暗含“天”“地”“人”3种声音，即提高人的思想境界、提高人的胸怀格局、提高人的修身品质。在向国际青年传播中国古琴音乐时，一定要抓住精髓，弹奏出天下大同的意境、弹奏出青年担当的精神、弹奏出中国梦与世界梦相融相通的理念，把中华文化传播到世界的每个角落，用音乐链接天地人，达到世界的和谐与共，美美与共。

中国书法漂亮有动感

中国书法作为一种抽象艺术，将五千年以来的中华文化精神凝聚成为以文字为载体的美学艺术表现形式，充分展现了中华文化的深厚内涵。在艺术方面，书法艺术境界深远、在精神方面，书法艺术提高审美和修身养性之外，还承载传播和弘扬中华文化的使命。经过不断的发展和传承，中国书法艺术在不同时代展现着不同的魅力，深受世界青年喜爱。

2019年7月30日，来自中东的青年交流团一行8人，带着对中国优秀传统文化浓厚的兴趣来到北京国际青年研修学院学习了一堂书法课。老师现场教学，深入浅出，学员们书写了独具中国文化的“龙”“梦”“福”3个字的楷书和草书。通过现场学习和体验，学员们对中国书法表现出了浓厚兴趣，大家觉得草书字体如画一般，漂亮有动感。

具有包容精神的中国书法在中西方文化交流中起着重要的作用，是世界青年交流的桥梁与纽带，增强了中东等世界青年对中华文化的理解。联合国前秘书长潘基文和这些中东青年一样，也非常喜爱中国书法。他表示，中国书法不仅是一门艺术，能使人变得心境平和，还能帮助人们彼此沟通、相互交流。来自不同国家的人们被一个不属于他们自己的文化传统所深深吸引，互相欣赏而成为朋友。

随着世界文化的交流，中国书法传播到日本，深得日本民众特别是青年人的欣赏和喜爱。日本在中国书法中楷书点画和草书偏旁基础上，融入本民族的文化精神、审美情趣和创作手法，成就了具有日本特色的片假名、平假名的书法艺术。清代以来，杨守敬、王铎、吴昌硕等对日本书法家和书法风格产生了重要影响，推动了中日文化的交流。不仅在日本，中国书法在朝鲜也有广泛的传播。据记载，早在唐代，曾为高丽太祖王建作书的新罗书法家崔政远12岁入唐学习中国书法。在元代，书法家赵孟的书法在高丽影响深远，长达300年之久。

20世纪以来，随着西方对抽象艺术的理解深入，中国书法文化逐渐走入西方社会并被了解和认识。美国著名收藏家顾洛阜这样评价中国书法："它们是这个世界最古老并仍在延续的中国文明的灵魂——因为它们表现了中国文化的精髓。"

在构建人类命运共同体的今天，中国书法的国际影响力越来越大，与日本、韩国、新加坡及美国、法国、中东等国家与地区的交流日益增多。特别是在世界青年中，中国书法已产生了文化心理共鸣。参加过亚非青年联欢节的伊朗女孩爱丽非常喜欢中国书法，她还表示希望拜位中国书法家为师学习书法。

中华文化是当今世界中唯一延续存在的古代文明，经过千年的书法仍鲜活地在我们的生活中存在着、延伸着，这是多么令炎黄子孙骄傲的事啊！法国前总统希拉克对中国书法由衷地赞叹：在中国，书法乃艺中之艺。祖祖辈辈，她一直是一个民族的记忆。世纪更迭，她代代传沿不息，在崇尚传统的同时大胆创新。

现如今，中国正在成为世界上一个不容忽视的文化大国。全球学习书法的青年越来越多，已成为全球文化现象。正如这8名中东青年一样，越来越多的西方国家青年在心里欣赏书法线条美的同时，拿起毛笔来，用浓墨在宣纸上学习、练习书法，感受中国书法的魅力和博大精深。

在新时代，我们更要有文化自信。为了使中国书法更有生命力，使更多的国际青年通过书法了解中国并爱上中国，需要中国的书法家、理论家做大量的文化输出和海外交流工作，整合各种优质资源主动地向世界青年进行书法文化交流，形成文化理论。在形式上，采取青年喜闻乐见的方式，图文并茂，以英语、法语、德语等语言为载体把中国书法的美及内涵表达出来进行传播。在内容上，要体现东方韵味，符合青年的审美观，塑造中国书法的国际形象和精神生态平衡价值。在宣传上，要恰如其分地运用新媒体，以多层次、多角度、多形式传播，讲好中国书法故事。

感受中华美食奇妙味道

[场景一] 2019年6月19日上午，来自波兰、捷克、匈牙利等13个中东欧国家的14名工商界高级官员来到“友谊厨房”进行了中华文化交流。这些来自中东欧国家的客人体验了烹饪活动，对中华文化有了更深入的了解。他们纷纷表示，本次交流活动内容新颖有特色，对增进中国优秀传统文化的了解有很大的好处，有助于促进国际青年心相通。

[场景二] 2019年6月19日下午，来自菲律宾Davao高中的22位学生在老师的带领下来到“友谊厨房”学习和体验中国的美食文化，切实感受中华文化的独特魅力（见图4-3、图4-4）。

菲律宾处于亚洲热带，雨水充沛，南部的Davao高中旁有很长的海岸线。初次来到北京，干燥的季风气候，让学生们不到一个星期的交换学习生活有些不适，有些人有了喉咙沙哑的症状。针对这一情况，细心的“友谊厨房”厨师团队为学生们准备了一大锅绿豆汤来降温。这些中国人耳熟能详的祛火方法，对这些来自菲律宾的孩子们来说都是新鲜的“冷”知识，让他们很新奇。

通过这次活动，学生们体会并详细了解了中国的风土人情以及食疗常识和方法。第二天，据带队的老师反馈，有炎症的学生都已痊愈。

[场景三] 2019年8月24日下午，“‘浏阳蒸菜’创意饭秀”在“友谊

图 4-3　来自菲律宾的青年相约“友谊厨房”

图 4-4　来华国际青年体验包饺子

厨房”举行，来自法国、美国、意大利、哥伦比亚等30多个国家的国际友人共同参与分享，亲身体验，跟着“蒸浏记”的厨师团队，饶有兴致地学习特色美食“浏阳蒸菜”的烹饪技艺（见图4–5）。

图4-5 在华国际青年体验“浏阳蒸菜”

“‘浏阳蒸菜’创意饭秀”活动旨在通过“友谊厨房”的烹饪文化场景和体验空间创新，让更多国际友人在生活化的体验中感悟中国文化的魅力和地域美食品牌的特色。

“这是山茶油、这是浏阳豆豉、这是辣椒粉、这是浏阳腊肉……”来自阿尔及利亚的Taghzouith Lydia跟着工作人员的介绍，开始做一道“走进联合国的‘浏阳蒸菜’”，她聚精会神，睁着诧异的眼睛，等到身旁的蒸锅里升腾起扑鼻的香味，才开始欢呼“多么奇妙的味道”（见图4–6）。原来菜还可以蒸着吃，相同的菜不一样的烹饪方法、不一样的味道，真是太有趣了。

“我知道《浏阳河》的旋律，也非常喜欢中国的烟花，简直不敢相信

图 4-6　在华国际青年学习制作“浏阳蒸菜”

这片神奇的土地上，还有这样有意思的美食，而且做起来也很简单，我很想回去也试一试，我要买一些给朋友们分享。”兴奋的哥伦比亚青年 Andres Mora 感叹道。

通过现场嘉宾共同参与，被命名为“一带一路”“为爱表白”“天下大同”“蒸情浏阳”4个系列的20道文创蒸菜陆续端上饭桌，融汇世界各地的味觉体验，共享“色、香、味、形、意”俱全的蒸菜盛宴，“浏阳，好吃”，各国朋友纷纷表示特别喜爱这样的美食体验（见图4-7、图4-8）。

浏阳市文化产业园管委会主任高志表示，非常感谢“相约‘友谊厨房’”这样一个国际化的平台，让浏阳蒸菜和浏阳文化品牌体系以创意表情遇见世界，也期待更多有识之士和优质资源关注浏阳文化产业，让特色文化融汇到“一带一路”的发展进程，在更大半径更深层次的交融创新中实现共赢共享发展。

[场景四] 2019年8月29日，在“友谊厨房”举办了“在华留学生第

图 4-7　在华国际青年品尝"浏阳蒸菜"

图 4-8　在华国际青年一起唱《浏阳河》

二课堂”零距离体验中华蔬食之美活动。来自德国等国家的在华留学生通过烹饪蔬食，进行了良好的交流互动，让他们感受到了中华蔬食之美，更感受到了中华美食文化的精髓（见图4-9）。

图4-9　在华国际青年学做中国美食

中国烹饪大师杨杰、中国名厨张草友、羲和莲花空间行政厨师长张俊龙、霖舍餐厅厨师长杨伟达4位厨艺导师同时来到“友谊厨房”，为国际友人展示了素食文化的独特魅力。4位厨艺导师，从食材的选择、刀工切法、酱汁调味、烹饪技术等多种维度与国际友人进行了互动交流。

4位厨师手把手教每个学员，每一道菜朴素中都带着不凡。学员们认识了白酱油、罗勒叶、黑芝麻油、姜麻油、锅边醋，还亲手实践了金汤菌香土人参、椒麻秋葵核桃仁。学员们纷纷表示，人生第一次近距离感受到素食的极致魅力，每一道菜都充满了高级感。

西红柿炒鸡蛋是中国常见的家常菜，美味又易上手操作，老师们教得仔细，学员们学得认真。北大中文系留学生Marie非常兴奋地说，她是从德国来到中国学习，对中国很感兴趣，已经吃素四年了，她觉得吃素是最简单的保护环境的方式，最喜欢的中国菜就是西红柿炒鸡蛋。

通过以上4个场景我们可以知道，中华美食正以越来越自信的姿态展现给国际青年。通过中华美食的交流互动，让青年交流互鉴更丰富，也让中华文化更深入人心。据了解，现如今对中餐感兴趣的人越来越多。据中国烹饪协会发布的《2019亚洲餐饮发展报告》显示，在亚洲餐饮市场，中餐已成为世界主要菜系中竞争力最强的菜系之一。更有意思的是，高达94%的受访者表现出希望深入了解中国饮食文化的意愿。调查还显示，87.5%的受访者认为美食交流互鉴是各国文化文明沟通的重要途径。

在国际青年交流中，中华美食已经超越了“吃”本身，具有更为深刻的国际意义。但是，中华美食文化在与国际青年交流碰撞中，应该保持其基本内涵，这样它才能在博采众长的过程中得到更多国际人士的喜爱，保持不衰的生命力。

中华美食是中华文化的重要组成部分，基本内涵可以概括为精、美、情、礼这4个字。在中华美食体验过程中，让国际青年感受到饮食品质、审美体验、情感活动、社会功能等所包含的独特中华文化意蕴是非常重要的。

在我国古代社会，对于饮食就具有精品意识。孔子说过：“食不厌精，脍不厌细。”随着美食文化的普及，这种精品意识越来越深入到整个饮食活动过程中，在民众中影响广泛。例如，选料、烹调、配伍乃至饮食环境，都体现着一个“精”字。

中华美食之所以能够吸引国际青年，重要原因之一，就在于美。这种美是指中华美食给人们所带来的审美愉悦和精神享受。首先是味道美。孙中山先生说“辨味不精，则烹调之术不妙”，把对“味”的审美视作烹调的核心要义。《晏氏春秋》中说：“和如羹焉。水火醯醢盐梅以烹鱼肉，焯之以薪，宰夫和之，齐之以味。”讲的也是饮食之美。

国际青年一起包饺子做菜品，不能简单视之，它实际上是人与人之间情感交流的媒介，是一种别开生面的社交活动。一边吃饭，一边聊天，可以交流信息，产生思想碰撞，加深彼此的友谊。在美食交流中，我们应该多向国际青年阐述“饮德食和、万邦同乐”的哲学思想，展示美食的情感，引导和提升中华美食品位。

中国是礼仪之邦，中华美食也讲究“礼”。《礼记·礼运》中说：“夫礼之初，始诸饮食。”坐席的方向、箸匙的排列、上菜的次序……都体现着“礼”。我们在和国际青年谈美食“礼”的时候，不能简单地将它理解成一种礼仪，而应该将它理解成一种内在的中华精神。

美食因交流而熠熠生辉。中华美食交流活动有利于提高国际青年友人对中华传统文化的认识；有利于他们在平时的学习生活中缓解压力，为增加个人业余爱好提供了一些方法途径；有利于国际青年友人通过对中华传统美食文化的兴趣，培养良好的生活态度和对中华文化的独特认知；有利于国际青年友人通过对中国人的衣食住行的了解，建立彼此美好的友谊，遇见好朋友。

因此，在国际青年中华美食交流中，一定要讲好精、美、情、礼的文化内涵，让他们吃出中华美食的最高境界和最高品质，这样才能更好地弘扬中华文化，促进国际青年心相通。

“饺子加醋” 快乐到飞起来

国之交在于民相亲，民相亲在于青年交往。亚非青年联欢节已经连续举办了四届，亚非青年在北京的相会成为一年一度的美好相约。在一次次相聚、相知、相识，在一次次别离又重逢中，亚非青年正把亚非传统友谊的火种延续，成为休戚与共的好朋友，齐心协力推动了人类命运共同体建设。

2019年10月18日，来自亚非的90名青年代表来到“友谊厨房”一起包饺子、一起做中国菜、一起体验中华美食（见图4-10、图4-11）。作为第四届亚非青年联欢节重要活动组成部分，此次美食体验活动不仅给亚非青年提供了学习、体验、交流美食的机会，还让亚非青年对中华传统文化有了更深入的了解，让他们通过中国味道更懂得中国文化。来自非洲的Je Suistryatan兴奋地说：“我们包的不是饺子，是中国的情怀。我非常喜欢中国。”旁边的Noura用一口流利的中文说道：“饺子加醋，快乐到飞起来。我特别喜欢中国的美食，特别是饺子。今天我来‘友谊厨房’包饺子，我的朋友们都非常羡慕。”

说起饺子，在中国不仅是一种美食，还蕴含着中华文化，表达着人们对美好生活的向往与诉求。不过饺子这种美食并非只有中国才有，很多国家也有类似的传统美食，具有很强的国际范。日本和韩国也有饺子。乌克兰、芬兰、波兰、立陶宛等国家也有饺子这种美食。虽然，各国饺子的形

图 4-10　亚非青年在“友谊厨房”快乐到飞起来

图 4-11　亚非青年学习包饺子

式有所区别，但所展示的美食文化内涵是一样的，都表达了人们的美好愿望。因此，用饺子讲好中华文化、讲好世界文化、拉近亚非青年彼此的距离，是非常有温情的方式之一。亚非青年在包饺子、吃饺子过程中分享彼

图 4-12 非常喜欢中国文化的一位非洲青年

此的文化，进行思想的碰撞与交流，共同成长进步。

中华美食文化博大精深，深层次、多角度、高品位地展现了中华文化，是中华各族人民五千多年的智慧结晶，也是世界人民的财富。看似平凡无奇的饺子，但可以从中挖掘出很多优秀的中华文化分享给亚非青年，让他们有更强的认同感。例如，以饺子这种熟食讲好中华烹调文化。中国古人认为："水居者腥，肉臊，草食即膻。"熟食可以"灭腥去臊除膻"（《吕氏春秋·本味》）。众所周知，中国人的饮食历来以烹调技术的精致而闻名于世。史书载，南北朝时，梁武帝萧衍的厨师，1个瓜能变出10种式样，1个菜能做出几十种味道，烹调技术的高超，令人惊叹。这些真实美好的故事更能深入亚非青年的心与脑，从而使他们爱上中华美食，增进友谊。

文化交流：播撒增进中日青年友谊的种子

青年是国家的未来，加强青年之间交流，增进彼此理解与友谊，对中日两国青年关系发挥着重要的促进作用。

［场景一］2019年12月4日，日本吉备国际大学师生访问团和北京培黎职业学院学生共35名师生欢聚“友谊厨房”，进行了一场积极踊跃的中日青年传统美食包饺子活动（见图4-13）。

图4-13 中日青年欢聚在“友谊厨房”

此次活动主要是中国学生帮助日本学生学习包饺子，来共同感受中华美食文化（见图4-14）。本次来华访问团的日本学生都是第一次亲手制作中华美食，而中国学生也初次面向日本学生传授美食技艺。中国学生教得认真，日本学生学得用心，遇到问题和需要帮助的时候，中国学生都能及时给日本学生帮助解决。因为都是青年学生，学起东西来特别快，一会儿的工夫大家一起包好了几大盘饺子。大家包的饺子虽然形状各异，但都是精心之作。尤其是参与制作过《铁臂阿童木》的井上博明先生，现已70多岁高龄，还很认真很努力地学习包饺子，并向大家表示包饺子的过程很享受、很开心。

为了进一步体现中华美食的民族特色，厨师团队还现场制作了具有代表性的宫保鸡丁和拔丝地瓜。日本学生聚精会神地观看了制作烹饪的全

图4-14　中日青年共同学习中华美食

过程，并连连发出了赞叹声和掌声。大家都说厨师们的技艺非常棒、好神奇、有意思。

［场景二］2019年12月10日上午，北京国际青年研修学院迎来了日本大阪青年访华团。

这次活动学院安排了日本青年体验中国茶文化（见图4-15）。在日本，茶不仅被视为是“万病之药”，而且日本人在长期的饮茶实践中，使饮茶脱离了日常物质生活需要的范围，升华为一种优雅的茶文化技能——茶道。所以这次体验中国茶艺文化，也是希望通过了解和对比，让日本青少年更加深入地了解中国茶艺和日本茶道的异同。在茶室，日本青年对茶室装饰和茶具造型很感兴趣。在中国茶艺师沏茶的过程中，大家又纷纷提出了很多问题，茶艺师都分别做了详尽的回答，日本青年都赞不绝口。茶

图4-15　来华日本青年体验中国茶文化

图 4-16　来华日本青年体验包饺子

艺体验环节后，又开启了中华美食包饺子文化体验活动。

在“友谊厨房”，日本青年通过厨师的讲解，很快就掌握了包饺子的要领，饺子包得又快又漂亮（见图4-16）。在包饺子过程中，厨师给大家展示了鱼香肉丝和拔丝地瓜的烹饪技艺，讲解了每道菜的食材、原料、调味料及烹饪的注意事项。厨师还重点演示了拔丝地瓜的熬糖过程，并说明了火候和观察糖颜色变化细节的重要性。日本青年对制作拔丝地瓜的每一步都做了详尽的记录，并且对厨师团队的付出表示了感谢。

本次中华文化体验活动，日本青年都表示受益匪浅。他们在实践过程中更深刻地体会到了中华文化的博大精深，并纷纷表示回到日本后和家人分享这次活动的心得体会。

［场景三］2019年12月24日，北京国际青年研修学院和中国人民对外友好协会共同举办了中日青少年文化交流活动。活动现场日方青少年100人，中方30余人，共计130余人积极交流互动。通过体验中华优秀传统文化剪纸艺术、包饺子，以及做日式章鱼烧等中日文化元素的结合活动，青年们共同迎接新年的到来，也增进了双方文化的了解，让中日青少年彼此的友谊更近、更深。

为了让日本青少年们能更全面地体验中华传统文化，学院安排代表团成员们分批次体验剪纸和中华美食制作活动。在剪纸活动环节，学院邀请了具有20多年剪纸经验的郭海帆老师给大家讲解剪纸艺术文化（见图4-17）。在活动中，郭老师为大家细心讲解剪纸的每一个步骤，同学们认真听、认真学、认真做、认真剪。通过郭老师的耐心辅导，绝大部分同学都可以自行操作，剪出了自己满意的作品。郭老师对部分作品进行了展示和点评，

图4-17　来华日本青少年学习剪纸艺术

大家连连发出了赞叹声。

图 4-18　来华日本青少年体验中国美食

在“友谊厨房”活动环节日本青少年学包饺子，部分中国学生学做日本章鱼烧（见图4-18）。“友谊厨房”的厨师团队也对此次活动菜品做了具有特色的精心安排。日本青少年通过工作人员的演示及教授，自己动手完成了包饺子的任务，面对自己的劳动成果，大家都非常开心。中国学生也在认真学习章鱼烧的制作过程，同学们对原料、调料的一番了解之后都跃跃欲试，但是大家对制作章鱼烧形成圆形的练习都不够到位，屡屡出现问题，引得大家笑声连连。在包饺子和制作章鱼烧环节完成后，厨师团队还为大家展示了麻婆豆腐、拔丝地瓜等中国传统特色菜的制作过程，使大家全方位地了解感知中华美食的神奇之处。

最后，中日青少年们在美好祥和的环境中一起进行了大合唱（见图

4-19)。活动在美好的音乐中画上了圆满的句号。

图 4-19 中日青少年一起大合唱

在全球化一体化的背景下，国际青年交流越来越重要，已成为世界各国交往的重要方式之一。日本是我国一衣带水隔海相望的近邻，在我国古代秦朝就有徐福到日本交流之说。从以上交流活动来看，日本政府非常注重国际青年交流，已成为其对外交流的战略组成部分。

为了回归国际社会，1951年日本加入联合国教科文组织。1953年日本和法国签订了文化交流协定，打开了和欧洲交往的大门。此后，日本不断采取各种措施加大与世界的交流合作。1954年，日本开始招收东南亚的留学生，积极宣传日本文化。1959年，日本启动了“向海外派遣青年”事业，由此拉开了日本国际青年交流事业的伟大序曲。1962年，日本政府又开启了邀请国际青年来日本进行文化交流的事业。经过不断的发展，日本的国际青年交流形成了“走出去”和“请进来”的有机结合。

日本政府出资加大日本青年与国际青年的交流并采取以中央政府为主导，民间外交相结合的模式。政府和民间组织互通有无，创新协作，通过留学生派遣、青年文化交流、公益事业、志愿服务等形式传播日本文化和培养青年人的国际意识和格局。1974年日本政府出资启动了“东南亚青年之船”项目。1979年开启了“中日青年友好交流”事业，为我国和日本青年之间的互相了解与合作提供了契机。

为了使国际青年交流事业有效开展，日本采取了严格的招募和选拔机制，让更适合、更优秀的青年成为国际交流的主力。经过半个多世纪的努力，日本培养了更多的青年走向国际舞台，实现了文化外交，建立了世界性的青年交流网络，达到了“日本青年走向世界，世界青年感知日本”的预期效果，获得了国际社会的广泛好评和赞誉。

日本政府把国际青年交流提升到国家战略的高度，不仅宣传了本国文化，还提升了日本的国际社会地位，增强了世界青年对日本的好感，培养了更多的“知日”和“亲日”国际青年。现如今，风靡全球的日本漫画、影视、游戏、美食受到世界各国青年的广泛喜爱，这与日本推行国际青年交流策略密不可分。

2019年是中日青少年交流促进年。中日青年以文化为载体，相互交流学习，分享各自国家的文化，拉近了彼此的距离，加深了两国的友谊与互信。

多形式国际培训　提升青年创新创业能力

[场景一] 2019年11月15至19日，由北京国际青年研修学院主办的珠宝匠芯国际大师班研修课程开班（见图4-20）。课程丰富、形式多样的珠宝匠芯国际大师班研修课程直接体现了“一带一路”民心相通、文明互鉴的宗旨，以文化和民间艺术为载体，让国际青年，交流各美其美，美美与共。

此次研修班的师资和课程安排可谓是重磅组合，分别是由意大利珠宝大师Mauro Domenico Buzio与中国工艺大师知名翡翠雕刻家王朝阳以及中国

图4-20　认真听课的学员们

图 4-21　珠宝大师们为学员们授课

古法细金工艺大师赵云亮在内的多位中外珠宝设计师为青年从业者同班授课，大师一对一地为学员的珠宝设计手稿或作品做出点评（见图4-21）。

意大利珠宝大师Mauro Domenico Buzio在这次活动中多次表示“一带一路”倡议为意中珠宝设计师提供了一个很好的沟通机会。这是一个起点，更多的交流和相互理解可以在此基础上深化。而且此次活动充分体现了青年人在文化传承中的重要作用，以及中西方文化和修养的贯穿学习，让青年们深刻理解匠心精神的核心意义。

［场景二］2019年8月6日下午，尼泊尔电子商务研修班在京举行（见图4-22）。该班由北京国际青年研修学院和修德谷书院联合主办，为期3天，旨在帮助外国友人在华学习，充分了解中华优秀传统文化。

中国的茶艺、古琴、竹染、扎染、书法等表演和亲身参与的交流形式，让我们看到外国青年对中国传统文化的深深眷恋。热爱传统文化的外国青年不远万里来到中国，对中国的文化、中国人的衣食住行，有了自己独特的认知。

图 4-22　尼泊尔电子商务研修班在京举行

青年是国家建设的栋梁之材，也是国际交往的活跃力量。以多形式培训为纽带能形成青年之间的良性互动，加深青年之间的友谊，提高青年的创新创业能力，推动不同文明的交流互鉴，为构建人类命运共同体凝聚智慧和力量。习近平总书记指出：“拥有一大批创新型青年人才，是国家创新活力之所在，也是科技发展希望之所在。”[①]青年人才思维活跃，进取心强，接受外来事物快，富有改革创新精神，是推动经济社会发展、科技创新的主力军。我国在与世界交流合作中，需要建立一支规模宏大、具有国际思维的青年创新创业人才队伍。为此，要积极创新培训形式，加大我国青年和外国青年的交流力度，使更多的中国青年“走出去”，将更多的外国青年“引进来”，形成青年人才合力，推动社会经济的发展。

以文化为载体聚焦科技创新。科技是国之利器，世界上的现代化强国无一不是科技强国、创新强国。青年是国家的未来、科学的希望。文化是

①中共中央文献研究室编：《习近平关于青少年和共青团工作论述摘编》，中央文献出版社 2017 年版，第 5 页。

科技创新的基础，良好文化氛围更能培养出科技创新的人才。世界不同国家的青年因相同的文化价值观，聚合在一起进行思想碰撞，理论探索，对人类科技发展具有巨大的推动作用。因此，以文化为载体举办多种形式的国际培训聚焦科技创新，更能凝聚青年智慧，创造新的成果。对此，尼泊尔电子商务研修班进行了尝试，取得了很好的效果。整个研修班以中华文化为载体，学员们学习中国的电子商务科技技术，在互动融合中加深了对科技技术的理解与运用。

构建人类命运共同体，离不开科技的力量。在以后的培训中，应重点关注新一代信息技术、集成电路、医药健康、智能装备产业、节能环保、新能源智能汽车、新材料、人工智能、软件和信息服务以及科技服务业等领域，发挥青年的优势，加强国际青年之间的科技交流，引领科技创新。

在人类的发展中，科技推动了文化，文化促进了科技，两者相辅相成。多样性文化融合是科技创新的前提。青年作为世界的未来，更应该加强文化互动，聚焦“高精尖”创新科技，为人类美好生活贡献智慧和力量。

拓展创业国际渠道。青年是创业的主力军和中坚力量，培养具有国际化思维和格局的青年创业精英，将是推动世界未来发展的核心源动力。国际青年应学习不同文化，更好地了解现代商业运行规律，提升创业技能、商务能力，提高全球视野和前瞻性思维，实现创业可持续发展。

多形式的国际培训为国际青年创业提供了更多的渠道，更有机会在全球新一轮变革中抓住发展机遇和商业机会，以非凡的魄力和行动力做创业的精英，为世界和平与发展贡献青年力量。以珠宝匠芯国际大师班研修课程为例，学员们在学习中提升了国际视野，对珠宝行业有了新的认识，通过互动交流也发现了新的创业方向。更为重要的是，互相找到了志同道合的创业伙伴，为走向国际打下了基础。

创业不是一个简单的事情，特别是青年没有一定的社会阅历和资源。在创业的过程中，很多青年都是孤独的个体，在各自的赛程中忍受寂寞、接受质疑、承受磨难。因此，开展多形式的国际培训让国际青年创客们能够聚在一起，相互陪伴，分享创业历程和理念，在学术新思想、科学新发现、技术新发明、产业新方向等方面进行深入交流，拓展更多的国际创业渠道。

整合优势国际资源。青年创新创业要聚四海之气、借八方之力，才能有好的效果。在创新创业中，青年要在更高起点上推进自主创新，积极利用国际创新创业资源，与世界各国的青年努力构建合作共赢的伙伴关系，共同应对遇到的困难。多形式的国际培训为青年创新创业提供了整合优势国际资源的平台，助力青年实现多彩的人生。

来自世界各地的创新创业青年为了同一个梦想，在粮食安全、能源安全、文化交流、人类健康、气候变化等领域学习研讨，提出不同的思路和解决方案，优势互补，推动了全球创新创业资源的流动，使资源得到有效整合。为了鼓励更多的国际资源聚合到我国，调动青年创新创业的积极性，形成国际青年创新创业的基地，我们应在以下三方面下足功夫。一是政策扶持，积极探索扶持国际青年创新创业的政策措施，为青年成长提供力量。二是金融资源，青年创新创业资金是基础，很多优质的国际项目因没有资金的支持难以落地转化。对此，我们要在金融资源上为国际青年创新创业提供更大的支持，帮助他们的项目在我国落地开花结果。三是媒体资源，充分调动媒体资源为国际青年创新创业提供宣传服务。

多形式的国际培训在实现青年自身发展的同时惠及其他更多国家和人民，推动全球范围内的平衡发展。因此，对于国际培训我们应该有更高的站位和战略眼光，挖掘其价值，让更多的国际青年共同创新创业，为人类的发展寻求新思路，拓展新途径。

05

行稳致远

Xing Wen Zhi Yuan

- 世界百年大变局与国际青年交流
- 发挥青年力量　增强当代中国文化国际传播的效能
- 浅谈青年研修生事业
- 向在华留学生讲好中国共产党的故事
- 关于国际青年交流工作的几点思考

世界百年大变局与国际青年交流

世界百年未有之大变局是世界之变、时代之变、历史之变。新时代，中国要实现中华民族伟大复兴，必须在应对这个“百年未有之大变局”中谋好局，以正确的历史观和大局观来看待中国与世界的关系，把握并运筹好其中蕴含的重要战略机遇期，推动构建人类命运共同体。

党的十八大以来，我国积极引导青年发挥智慧和力量，针对世界经济增长、治理、发展模式中的根本问题，用合作的态度和创新性思维找到新的解决办法。我国举办了亚非青年联欢节、上海合作组织青年交流营、中越青年大联欢、中国中东青年研修交流营、未来之桥中拉领导人培训交流营、“金砖国家”青年论坛、中国新西兰青年论坛等大型活动项目。通过这些项目的开展，使青年积极走上国际舞台，积极参与“一带一路”倡议，为中国发声、为世界发声贡献青年力量与智慧。国际青年交流作为我国公共外交的重要组成部分，积极推动了中国青年和世界青年的友好交往，开辟了中国更广阔的公共外交空间，展示了中国青年的精神面貌，为维护世界和平做出了贡献。

当前，在百年大变局环境下，国际经济、科技、文化、安全、政治等格局都发生了深刻调整，单边主义、保护主义逆流横行，强权政治、冷战思维沉渣泛起，世界进入动荡变革期，不稳定性不确定性显著增加，国际青年交流工作面临着挑战与机遇。

在新形势下，国际青年交流要以大局贡献度为导向，准确把握新发展阶段、深入贯彻新发展理念、加快构建新发展格局，加强对“Z世代”青年的时代特点、价值取向和行为方式的规律性研究，推动变局向有利的方向发展。

一、大变局带来的挑战

（一）理解大变局的挑战

习近平总书记指出：“当前，我国处于近代以来最好的发展时期，世界处于百年未有之大变局，两者同步交织、相互激荡。”①这一重要论述是对当今世界发展大势做出的一个重大战略判断。纵观错综复杂的国际形势，经济全球化、政治多极化、社会信息化、国际关系民主化已经在国际社会达成共识，虽然会遭遇各种困难和冲击，但大的方向难以发生根本逆转，和平与发展依然是世界各国人民的普遍愿望。

不过，世界和平与发展仍然面临诸多挑战，充满着种种不确定性。霸权主义根深蒂固、宗教纷争不断冲突、非传统安全威胁增加、全球经济增长缺少强劲动力、各国发展不平衡、青年人的意识形态各异……面对世界格局巨大的变迁，一些国家纷纷进行战略调整，大国博弈现象加剧。

新时期，国际关系变得异常复杂，原有的问题还没有得到有效解决，新的问题又出现，充满着不稳定性。国际关系需要在探索中不断创新发展，民主化是大趋势。少数国家占据主导权的情况将成为过去，是世界进

①《习近平谈治国理政》（第三卷），外文出版社 2020 年版，第 428 页。

程中的一个特殊现象。在世界发展的进程中，英国和美国积累了巨大的资源和权力优势，改变了世界格局，先后成为世界霸主，将霸权主义持续了200多年。时光更迭，在全球化发展的今天更需要国际大家庭的协调与合作，霸权主义的生存空间越来越小，个别国家要想垄断资源和利益将遇到越来越大的困难。在这个意义上讲，任何国家试图凌驾于他国之上指手画脚，都将不符合时代发展的方向。

具体来看，还可以从以下四方面理解大变局的挑战。

第一，经济全球化是人类发展的必然要求。随着科技的发展，经济增长模式不断创新并取得了丰硕的成果。在日益积累中，世界的财富不断扩大，各国人民的联系日益紧密，特别是青年人的国际视野不断提高，希望在国际社会上有一定的话语权。伴随着巨大的改变，经济全球化带来的负面效应也在不断显现，发展不平衡、各国经济治理水平不一、经济增长动力不足、环境卫生教育差距较大等成为全球性的问题。

全球经济进入了普遍低迷期，世界经济发展的“蛋糕”很难做大，甚至在变小。面对此种情况，各种保护主义、民粹主义、极端民族主义抬头，各种反经济全球化声音不绝于耳，阻碍着世界的发展。但历史的车轮永远前行，不可能回到从前各自封闭分割的状态。面对当下复杂的国际形势，以去全球化和逆全球化的思维不可能解决全球经济发展的根本问题，一些西方国家采取以邻为壑的政策无疑是饮鸩止渴。有思路才有出路，国际社会只有更广泛的合作与协作，才能创造世界的美好未来。青年人更要以包容的心态，以问题为导向，针对世界经济增长、治理、发展模式中的根本问题，用合作的态度和创新性思维找到新的解决办法，发挥青年力量。

第二，全球政治格局趋于多极化和多元化发展，国际关系民主化需求增加。前进是发展的方向，国际格局进入加速调整和演变期，各国人民需要一个公平、合理的国际民主环境。任何事物的发展都有其客观规律，在一定的时间内，霸权主导的态势仍将持续。一是以美国为首的西方发达国家的发展格局出现了变化，政治和经济实力相对衰落已是不争的事实。特别是一些美国青年人面对令人失望的现实患上了“政治冷漠症”，对政治的关心明显下降。这一“结构性”的难题也是导致美国主导世界格局的能力和意愿相对下降的因素之一。二是新兴市场国家力量明显上升，正在打破几百年来一直由西方少数国家塑造的世界格局；反而，正以自己的方式塑造世界新格局，引起了国际力量重新划分组合，世界权力正在发生转移。新兴市场国家的青年人越来越多地走向国际舞台，以国际担当的精神发出青年之声，促进了世界权力的流转。三是非国家行为体大量涌现，开始在世界格局中发挥重要作用。各种国际民间组织及青年组织在国际社会的影响力日益增强，甚至形成了足以影响国家发展的能力。

在此情况下，需要努力推进构建“人人为我、我为人人”开放包容的全球共同体。特别是作为世界发展的有生力量的青年人要担负起世界的责任、积极推动构建人类命运共同体，并发挥才智为人类社会破解世界难题、携手共创美好未来提供青年方案。

第三，和平与发展的时代主题更加突出，需要凝聚广泛的国际共识。虽然世界乱象不断增加，但和平与发展的世界发展主题没有变反而更加突出。历史经验告诉我们，依靠战争获取利益的方式应该为当今世界所摒弃，特别是在核武器威慑、“你中有我，我中有你”的相互依存程度不断加深等诸多现实条件的限制下，依靠战争解决不了根本问题，战争所带来的生离死别的悲惨代价，只能是共输、没有赢家。然而世界并不太平，此起彼伏的局部动荡和危机警告我们，当今世界不仅要避免战争，更要积极地构筑和平。和平是发展的保障，发展能促进和平。世界人民都想过上好日子，发展对于任何国家来说都是根本任务。对此，国际社会需要凝聚广泛共识，有争端有分歧时要好好商量，以坚定的和平态度积极推进全球治理进程。特别是青年人要发挥主观能动性，以大格局大思维大智慧帮助世界各国从根本上找到化解矛盾纠纷、消弭战乱的办法，传播和平声音，凝心聚力以更好地整合全球资源、聚焦发展难题。

第四，国际秩序再平衡，围绕国际制度安排的博弈日益激烈。在充满不确定性的国际形势中，西方国家主导的国际秩序已失衡，越来越难以有效提供世界公共安全的稳定。不可否认，过去由西方几个国家聚在一起商量后就能决定世界格局的时代已一去不复返了。在新的时代下，世界秩序的再平衡不可能通过战争方式在短时期内快速完成，而是要经历的新旧力量并存，同时旧秩序影响逐步消解、新秩序逐步重构的过程。

在此期间，随着各国实力、地位、角色、影响等都在时刻变化，旧有的霸权逻辑和思维、不会自动地退出世界舞台，而新的秩序还在重构，新老秩序交织、多种制度并存、双重标准盛行将成为常态，世界发展面临更多的不确定性和不稳定性。由此导致的“动荡时代的战略不安全感”使一些国家的战略忧虑增加，大国间利益再分配的斗争将更加激烈，其中围绕国际制度安排的博弈将成为重点和关键点。只有具备更大的包容性和公正性的国际新秩序，才能引导国际关系朝着可持续和可预期方向发展。

青年人要敢想善说慎做，以多元化思维参与对国际社会现有制度存在的不合理、不充分的内容进行有效的改革，引领全球化发展，重塑国际秩序再平衡。

（二）应对大变局的挑战

在大变局下，挑战无处不在。对于中国来说，国际局势的深刻变化带来了严峻的、巨大的挑战。学术界认为，如果处理不好大变局中种种不确定的因素，无论是“修昔底德陷阱”，还是“中等收入陷阱”，都可能使中国在将强未强、将起未起之际倒在崛起的门槛上。众所周知，青年是各个国家强大的重要力量，也是世界发展的有生力量，培养具有国际型的青年人才对中国强大具有重大的助推作用。因此，加大国际青年交流力度，让更多的中国青年“走出去”、更多的国际青年“走进来”，相互交流融合，对中国、对世界的发展都是有裨益的。那么，在大变局下，中国的国际青年交流事业如何应对挑战呢？

第一，处理好中美关系。从历史和现实来看，中美两国和则两利、分则两害。现实是，美国对中国的强大表现出了很多敌意。例如，新冠肺炎疫情的“甩锅”现象和无端指责。美国的这种态度影响了中美青年的交流，当然在一定程度上也影响了世界其他国家青年的交流。因此，我们要处理好中美关系，让青年人在交流互动中形成全球视野、胸怀天下，面向未来的格局，为建设一个和平、和谐、多样化地球村做出应有的贡献。

如何处理中美关系，现在有两种观点。一种主张“脱钩”，另一种主张“抱摔”。前者认为，现在中美“脱钩”对于双方来说都是难以承受之痛，但这并不能改变中美迟早要“脱钩”的长期趋势，而且这种趋势已经开始显现。后者认为，中美之间联系越紧密，中国能够对美国造成伤害的能力就越强；只有同美国展开“近身肉搏”，才能切实提高中国的战略反制能力。本人认为，这两种处理中美关系的观点都不利于国际青年交流事业发展。

国与国关系的未来在于青年一代，青年一直是中美人文交流的先锋力量。哈佛大学教授费正清曾说，从1950年到1971年，华盛顿送上月球的人比派往中国的人还多。但中美建交后，两国之间的青年交流日益增多，在环保、人文、科技、经贸等领域的交流非常频繁，助推了两国的关系发展。仅以中美两国留学生数量为例，自改革开放以来，中国赴美留学生从首批52人发展到2016年的17.5万人。中美青年之间的交流也让世界看到了一个包容、开放的中国，树立了中国的大国形象。

我们知道，中美青年的交流在一定程度上实现了两国的利益捆绑，成为既有世界体系的渐进式融入者和受益型建设者。美国是一个国内政治高度碎片化的国家，面对国内的各种社会问题，为凝聚国民士气，其需要不断寻找外部敌人，进而降低内耗、实现国内团结。目前美国炒作“中国威胁论”，就包含了借机整合国内政见的用意。因此，中国要以大智慧审慎地处理好中美关系，采取更大的开放措施、依托国际青年交流，探索光明之路，使两国关系朝着健康方向发展。

第二，处理好自身利益与国际责任的平衡。从历史看，所谓的大国，都必然对人类历史进程产生过重要影响、做出过重要贡献。英国的贡献是工业革命；苏联的贡献是把社会主义变为现实；美国的贡献是践行了国际制度构建世界秩序的外交实践。习近平总书记提出“百年未有之大变局”，就是要回答“中国在这个多元化发展的世界里，能够为人类历史发展做出何种贡献”这一问题。

中国对“百年未有之大变局”的认知与“两个一百年”奋斗目标的设定是一致的，这表明中国已经将自身发展自觉融入了世界发展的大格局中，把自身发展同世界发展合为一体。中国好，世界才会好；世界好，中国才会更好。作为世界第二大经济体，中国积极践行国际责任，在扶贫、安全、环境、教育等领域都有中国的身影。中国不仅要自己过上好日子，也要让世界人民搭上中国发出的“便车”一起过上好日子。因此，应对大变局的挑战，我们要处理好自身利益与国际责任的平衡。这就需要加大国际青年交流事业，发挥青年的责任担当，通过他们的声音和行动让世界了解并理解中国。

不仅有很多中国青年在国外学习，也有很外国青年在中国学习，不同国家的青年朋友都可以成为推动世界合作的巨大力量。当代青年，他们积极走上国际舞台，积极参与“一带一路”倡议，为中国发声，为世界发声，参与构建人类命运共同体。

当然，做出很大国际贡献的中国，也要时刻提防被“捧杀”的危险。当前，随着我国综合国力的提升，国外有些青年无底线地吹捧中国，甚至国内有些青年也开始飘飘然，认为中国无与伦比。历史经验表明，战略目标的设定必须与自身实力相匹配。否则，最终将会功败垂成。美国在国家实力达到巅峰时发动朝鲜战争、越南战争以及后来的伊拉克战争，最终导致其国力由盛转衰就是最好的例证。当前，中国国力仍然有限，在国际青年交流中更要谦虚谨慎、戒骄戒躁，应以更加公平、包容、公正的姿态展示自身形象。

二、大变局带来的机遇

（一）中国发展的国际环境总体有利

第一，世界“再也回不到过去了”，因此中国面临大规模战争的可能性基本可以排除，国家发展的国际环境总体有利。这为和平发展提供了有利的国际环境。良好的外部环境是开展国际青年交流的基础，国际青年交流也促进了良好国际环境的发展。在新冠肺炎疫情期间，中国以线上线下相结合的形式，采取“云交流”的方式积极引领国际青年以联合国为核心，践行人类命运共同体理念，进一步树立了负责任的大国形象，受到国际社会普遍欢迎和积极评价。

作为世界“公共产品”的长期提供者，以美国为首的西方国家实力整体下降，参与全球治理的能力和意愿明显下降。随着中国综合国力的提升，国际社会要求中国发挥更大作用的呼声不断上升。他们都希望主张世界多极化、倡导国际关系民主化、维护国际公平正义的中国能给世界带来新的机遇和光明。特别是各国的青年都很愿意向中国学习，中国已成为他们实现理想的“打卡地”。

习近平总书记多次提道：“做好较长时间应对外部环境变化的思想准备和工作准备。”①作为和平国际环境的受益者和国际地位不断上升的大国，中国有必要引领各国青年更深层次地参与国际治理，通过维护、促进世界和平与发展营造良好的外部环境。《中共中央关于制定国民经济和社会发展第十四个五年规划和二〇三五年远景目标的建议》的部署，营造了良好的外部环境，也为奋发有为地开展国际青年交流指明了大的方向。随着中国所担负的国际责任显著增加，国际青年交流要把握大势在维护国际安全和推动世界发展方面发挥更大作用。

（二）中国在世界格局中影响力不断增强

在多元化的世界，日益强大且与时俱进的中国是维护国际安全和促进世界繁荣的重要力量，而且变化的世界也需要中国贡献更多的创造。

近年来，我国致力于推动践行合作、可持续的新发展观。世界各国的“朋友圈”不断扩大，“一带一路”倡议获得了许多国家的力挺和参与，经贸联系更加紧密、人文交流更加频繁、互动空前密切。尤其是地区和周边

①习近平：《在党史学习教育动员大会上的讲话》，人民出版社 2021 年版，第 17 页。

国家在与中国的合作中，得到了实实在在的好处；本国青年在与中国的交流中，看到了中国经济的发展与繁荣，各国更加坚定了睦邻友好、互利合作的理念。这也促进了国家自身的发展。

中国影响力的增强为国际青年交流提供了更加有利的条件。中国有句古话“富在深山有远亲”，中国的影响力让各国青年更愿意来中国学习交流、分享自己的理念、提高自己的国际视野，以更加宽广的视角看待中国与世界的关系。虽然，个别国家一时出现对中国疏远，甚至与中国对抗的倾向，但是依托国际青年交流，发挥青年的作用，依然可以刚柔相济，将其拉回稳定发展的轨道上，共同享受美好的生活。

（三）中国把控发展全局的能力进一步增强

改革开放以来取得的伟大成就，证明了中国发展道路的正确性。特别是2008年全球金融危机后，西方发达国家整体陷入经济低迷状态，而中国依然保持着中高速增长，把控发展全局的能力进一步增强。

20世纪70年代以来，随着改革开放进程的不断推进，面对各种困难，中国牢牢把握发展的大方向不断前行，没有走回头路。在发展中，中国面对的新矛盾、新问题与新挑战不断出现，改革进入“深水区”，难度、阻力与风险越来越大；特别是来自发达国家和发展中国家的双重竞争明显上升，对外关系进入高风险期，协调安全利益与发展利益更加艰难。面对这些严峻的考验，中国在发展过程中不断完善与创新，闯过了一道又一道险关，增强了发展全局的能力，取得了辉煌的成就。这些宝贵的财富也为国际青年交流提供了坚实的基础。

国际青年交流是一项具有复杂性、系统性的事业。“弱国无外交”，同样，没有发展全局能力的国家，也不可能把国际青年交流事业做得扎实又出色。改革开放以来，中国加大国际青年交流力度与广度，举办了一系列具有影响力的项目和活动，鼓励青年人根据各国发展需求，在科技、文化、资源、经济、绿色领域共商共建共享共赢。当然，在这个过程中也遇到了很多困难和风险，但都被我们一一化解。这充分说明，把控发展全局能力在国际青年交流中的作用。因此，国际青年交流要乘风破浪，积极融入国家发展大局中，勇当“排头兵”，为世界发展和稳定所面临的新挑战，贡献力量并提出解决方案。

（四）新科技革命兴起

历史证明，每一次科技革命都会带来大国力量对比的重大变化和国际战略格局的重大变革。习近平总书记深刻指出：“中国要强盛、要复兴，就一定要大力发展科学技术，努力成为世界主要科学中心和创新高地。”①

当前，我国科技整体水平大幅提升，一些重要领域已经跻身世界先进行列，能够集中力量干大事，具备在新科技革命中抢占先机的基本条件。新一轮科技革命更可能是一次体系性全领域的重大变革，对国家发展实力、地位的影响也将更为迅速、全面和深刻。因此，新科技革命的兴起也将影响国际青年交流的格局，利用新技术和新平台更容易增进国际青年之间的交流。

5G技术的发展、微信微博等新媒体的运用，都为国际青年交流注入了智慧和力量。各国青年在世界的任何角落都可以分享各种观点和理念，对全球重大的议题进行讨论。国际青年交流要充分运用新科技带来的力量，引领青年深度参与全球科技治理，推动构建人类命运共同体。依托国际青年交流统筹用好国内、国际创新资源，使青年积极主动地融入全球科

①《习近平谈治国理政》（第三卷），外文出版社 2020 年版，第 246 页。

技创新网络，全面提升我国在全球创新格局中的位势。

三、大变局下的创新举措

（一）制定符合国际规则的制度，让青年广泛参与引领全球治理

新的历史条件下，要制定符合国际规则的制度，引领青年成长成才，帮助青年扣好“人生第一粒扣子”，让青年广泛参与全球治理。

近年来，随着西方国家保护主义思潮的抬头，过去以西方为主导的全球治理模式开始受到日益显著的挑战，全球治理赤字持续扩大。党的十八大以来，中国从构建人类命运共同体的高度出发，引领广大青年投身“进行伟大斗争、建设伟大工程、推进伟大事业、实现伟大梦想”的进程中，以国际青年交流为依托，使青年成为全球治理的参与者和引领者，在创新性多边公共外交中不断为全球治理贡献青春力量。

第一，中国在联合国等国际组织和全球性多边机制框架内，要更加主动提出青年发展新理念、落实青年发展新主张，使青年成为推动全球治理的主导性力量。中国要给青年创造更多的机会来参与全球治理，包括可持续发展、气候变化、能源安全、网络安全等重大议题在内的核心领域的合作。中国要采取多种形式多种方式让青年参与到亚投行、亚信峰会、APEC领导人峰会、G20峰会等国际会议中，扩大青年在国际舞台上的影响力，在互动交流中、在干事创业中彰显青年的智慧与国际担当。

第二，中国倡导的共商共建共享的全球治理观要得到更多国际青年的理解与认同。青年既是世界的未来，也是每个国家的希望，为国际青年提供更多了解中国的平台对于中国走向世界、融入世界，得到国际社会的普

遍共识具有巨大的作用。

习近平总书记曾指出：要推动全球治理理念创新发展，积极发掘中华文化中积极的处世之道和治理理念同当今时代的共鸣点，继续丰富打造人类命运共同体等主张，弘扬共商共建共享的全球治理理念。青年是创新的主体，更是民心相通的基础，只有更多地调动广大青年的积极性，才能为世界经济可持续增长提供坚强保证。因此，必须通过国际青年交流重视青年、关怀青年、信任青年，提高中国和国际青年在全球治理体系中的地位和作用，提升青年对全球治理的参与度和引领度，为推动实现全球共赢做出积极探索。

第三，中国要以日益增长的实力和国际影响力，为青年参与和引领全球治理塑造价值观。习近平总书记强调："青年的价值取向决定了未来整个社会的价值取向，而青年又处在价值观形成和确立的时期，抓好这一时期的价值观养成十分重要。"[①]改革开放40多年来，中国青年已经成为国际体系不可或缺的重要力量，全球胜任力不断加强，全球治理话语权显著提升，也日益具备了为世界做出更多、更大贡献的意愿和能力。

总之，中国通过国际青年交流让更多青年参与和引领全球治理，不仅提供了解决各类全球性问题的中国方案，促进了全球治理赤字的缓解，而且展现了青年在构建人类命运共同体中的智慧和力量。

（二）设立专项基金让青年成为构建新型大国关系的重要力量

随着中国崛起进程的加快，中美两国是否会陷入历史上新兴大国与守成大国之间反复出现的"修昔底德陷阱"已成为国际社会关注的焦点。如果中美关系陷入冷战时期美苏之间的对抗状态，那么人类命运共同体将

①《习近平谈治国理政》（第一卷），外文出版社2018年版，第172页。

无从谈起；反之，如果中美能够成功跨越“修昔底德陷阱”，那么中美两国就会成为构建人类命运共同体的重要推动力。正是基于这样一种战略考量，党的十八大以来，中国积极致力于同美国构建以“不冲突不对抗、相互尊重、合作共赢”为核心的新型大国关系。

习近平总书记明确指出：“青年兴则国家兴，青年强则国家强。青年一代有理想、有本领、有担当，国家就有前途，民族就有希望。”①青年既是构建新型大国关系的重要力量，也是大国关系的“润滑剂”。在构建新型大国关系中，我们务必要重视青年的力量与作用，加大国际青年交流的力度，鼓励青年参与到解决全球性问题中。国际青年交流对于国家和民族具有战略意义，必须敢于决断，舍得投入，决不能与历史机遇失之交臂。因此，中国要设立专项基金，例如设立“一带一路”国际青年交流专项基金，培养更多懂外交、爱外交的青年才俊，培养更多“知华友华爱华”的国际人士。

在国际青年交流中，依托专项基金加强科研机构、科技人才的互动交流，让科学素养进入中小学、大学的课本，并进一步提升科学教育的水平。比如让中外科学家出现在教材里，展现世界科研的进步；让在华科学家参与基础教育师资培训、相关教材编写、课标制定、考核评价，提升科学教育培养水平；媒介的引导需要更加关注和重视科学家群体，让全社会有更浓的崇尚科学的氛围，让更多的青少年树立投身科学的理想。加强环保领域的交流，让更多在华留学生走进中小学课堂，走进大学课堂，分享各个国家的环保理念及成就，普及“青山绿水就是金山银山”的先进理念。除此之外，还要加大就业、创业、经贸、人文等领域的交流，为青年提供更多的国际交流和对话机会。

---

①《习近平谈治国理政》（第三卷），外文出版社 2020 年版，第 54 页。

党的十八大以来，中国非常重视国际关系的建构，除大力推动中美新型大国关系以外，还致力于同其他主要国家和国际行为体发展新型关系，例如中俄关系、中欧关系。国际青年交流是其中重要的组成部分，青年之间的对话助推了国与国之间的理解与合作。总之，推动构建新型大国关系，青年力量不可或缺。

（三）培养和吸引多元化的国际青年交流人才

人才是富国之本、兴邦大计。进入21世纪，全球科技创新进入空前密集活跃的时期，国际社会都在抢占科技领地。在这样的大背景下，人才已是赢得国际竞争主动权的决定性战略资源。国际青年交流不仅是社会高尚的事业，也是国家争取更多话语权的重要战略。因此，培养和吸引多元化的国际交流人才至关重要。

青年智则国智，青年强则国强。如何培养适应新时代新形势的国际青年交流人才，是一件迫切需要政府和全社会予以重视的大事。党的十八大以来，以习近平同志为核心的党中央高度重视国际交流人才队伍建设，站在党和国家事业的全局战略高度，从“尊重人才、关爱人才”到“育才、引才、聚才、用才”，再到多次强调“不拘一格降人才”，依靠多维度的培养和吸引人才推动构建人类命运共同体。

党和国家对国际青年交流人才的重视助推了这项工作的全球性和引领性，在百年未有之大变局中发挥其独特的作用。现今，人工智能等新科技日益成为国际竞争新焦点，中国如何在新一轮全球创新潮流中掌握主导权，实现中华民族的伟大复兴，培养和吸引外交、礼仪、外语、人文、科技等各领域的多元化人才非常重要。

因此，必须高度重视培养和吸引国际青年交流人才，营造鼓励创新与和谐共享的环境与文化。采取形式多样的措施，让中国青年走向国际舞台。如，在联合国等组织实习与工作，提升国际视野，提高国际交流的综合能力。在吸引国际交流人才方面，我们要建立国际化的制度，引导更多的创新性人才到中国干事创业，实现人生价值。

在百年未有之大变局下，国际青年交流挑战与机遇并存。因此，我们必须坚定使命，以时代变化为晴雨表，以全局性战略性创新性的思维，创新国际青年交流与合作的机制和模式，增强把工作对象转化为工作力量的综合能力，提高国际青年交流合作的广泛性和影响力，为构建人类命运共同体贡献青年方案和青年力量。

发挥青年力量
增强当代中国文化国际传播的效能

习近平总书记强调，要深刻认识新形势下加强和改进国际传播工作的重要性和必要性，下大气力加强国际传播能力建设，形成同我国综合国力和国际地位相匹配的国际话语权，为我国改革发展营造稳定的、有利的外部舆论环境，为推动构建人类命运共同体做出积极贡献。

文化是传播价值观念、构建国际关系、拓展战略空间的重要桥梁。纵观人类社会数千年的兴衰更替，但凡文明发展得到公认的国家和民族，都在人类历史上铭刻了不可磨灭的文化印迹。从汉唐盛世到五四运动，从新中国成立到新时代中国特色社会主义建设，文化的国际传播是贯穿历史发展的永恒纽带。

党和国家领导人历来高度重视国际传播工作。延安时期，毛泽东同志通过向美国记者斯诺、史沫特莱等讲述“延安故事”“中国革命故事”，成功把中国共产党的政策主张以及中国革命的道路方向呈现在世人面前，为中国革命赢得了广泛理解与支持，为革命获得最终胜利争取了重要的援助力量。

改革开放以来，尤其是20世纪90年代中期，西方媒体妖魔化中国后，中国更加重视向国际社会传播中国形象。为了提升国际形象，学术领域出版了大批学术文献为政府部门出谋划策。之后，我国又引入了约瑟夫·奈提出的“软实力”概念，以“政治上更有影响力、经济上更有竞争力、形象上更有亲和力、道义上更有感召力”的思想向国际社会传播中国理念。例如，通过奥运会、世博会的传播让国际社会更加了解中国。

进入新世纪，随着我国综合国力稳步提升，文化软实力建设的重要性日益凸显。党的十八大以来，习近平总书记在不同场合多次就国家文化软实力建设做出系列重要论断：“提高国家文化软实力，关系‘两个一百年’奋斗目标和中华民族伟大复兴中国梦的实现。”[①]由此可见，推动文化繁荣、坚定文化自信、传播“中国价值”，已成为新时代文化建设的必然要求。基于此，中国积极推动当代中国文化“走出去”，广泛宣介中国主张、中国智慧、中国方案，构建了一体统筹、多主体、立体式的对外传播格局，我们的国际话语权和影响力也显著提升。然而，随着中国不断发展，来自国际社会的挑战也日益增多，这对于中国和世界来说都需要一个心理调适过程。

新形势下，展示真实、立体、全面的中国已成为我国国际传播能力建设的重要任务。当前，中国在国际传播方面还存在一些不足，主要表现在：首先，中国的国际传播还偏重于传统文化，当代文化的传播力度不够，特别是缺少能反映当代中国发展面貌、具有文化内涵和思想深度的优秀图书、戏剧、歌舞和影视作品。其次，传播方式缺少创新。福建师范大学音乐学院教授王耀华表示，进行海外传播要从路径上创新，要重视人的情感交流，在强调自己主体性的同时，把传播对象当作主体来看待。最后，缺少跨文化视角的国际综合传播人才。我国的国际教育以外语学习为主，并以测试为手段，缺少对文化与跨文化视角的全方位思考和培养。

---

①《习近平谈治国理政》（第一卷），外文出版社 2018 年版，第 160 页。

随着时代的发展变化，在全球治理和国际影响力上，青年的话语权越来越重要。国际传播必须跟上时代的步伐，影响更多的青年人并发挥他们的力量。因此，我们要不断创新体制机制、方式方法，发挥青年力量，使青年自觉肩负联结中外、沟通世界的职责和使命，自觉担负讲好中国故事、传播好中国声音、展示真实立体全面的中国的重要任务。例如，李子柒等众多青年通过新媒体进行中华文化传播与交流，取得了良好的效果。

一、构建全方位的内容传播体系

国际传播的内容在选择上必须是全方位的。不仅要有传统文化，也要有现当代文化；不仅要反映我们已经取得的成就，也要反映我们实际还存在的不平衡、不发达的状况，反映中国人民艰苦奋斗的历程；不仅要突出中国特色，也要注重寻找与外部世界的共同点，反映世界流行元素在中国的传播情况。

要做到精心选择传播内容、提高传播效果，着力增强对外传播的针对性、实效性，推进国际传播能力建设和国际话语体系建设，应把握讲好中国故事、传播好中国声音的要求，要选择健康和积极向上的、展示中国和平崛起、改革开放取得的伟大成就的内容，而不能为了吸引眼球就向世人展示文化糟粕。

通过丰富的内容，使当代中国文化能够真正地吸引人、打动人，引起共鸣、赢得尊重，增进心灵的沟通，寻求理解与合作，使外界全面、准确地认识当代中国的真实面貌，为我国的现代化事业创造更加良好的国际环境。

青年是民心相通的基础，也是文化融合发展的有生力量。在国际传播中，我们要发挥青年力量构建中国话语体系和中国叙事体系，以青年的角度强化内容设置，精心设置议题。运用青年影响青年，把握舆论主导权，找准工作切入点和着力点。以青年喜闻乐见的内容切实提升中国话语说服力、国际舆论引导力，讲好中国故事；增进国际社会对当代中国认知、认可、认同，对当代中国情况进行全面准确的了解。

二、创新传播方式增强话语权

目前，在西方国家主导的话语体系下，中国在崛起的道路上很多东西会被放大、被曲解，甚至被故意歪曲。例如，新冠肺炎疫情的“甩锅”现象。中国作为东方文化的大国，天然的与西方国家有很大差异，不论经济还是政治……所以说，在国际传播中我们要创新传播方式、增强话语权，使我国的外交方略在内外话语和宣传中保持平衡，更加真实立体地展示中国形象。

在传播方式上，应采用青年所熟悉的传播方式进行国际传播，使其更“接地气”。运用青年多元化的视角多呈现事实、少讲观点；运用青年小故事展示大背景、大道理；以青年文化交流、学术交流代替大规模的宣传推介活动，让世界民众在交流中辨析优劣。研究中国故事国际表达的有效方式，打造融通中外的新概念、新范畴、新表述，形成富有吸引力和感染力的中国话语，让外国人不仅听得到、看得到，而且听得进去、看得明白。

采用贴近不同区域、不同国家、不同群体受众的精准传播方式，推进中国故事和中国声音的全球化表达、区域化表达、分众化表达，增强国际传播的亲和力和实效性。比如，欧美国家青年关注中国的和平崛起；非洲国家青年关注中国现代化转型中的家庭伦理、个人奋斗；东亚国家青年关注时尚生活，我们应“量身定做”不同的文化产品。应淡化官方宣传，多让青年民间机构出面；精心挑选“青年文化大使”，多让外国民众喜闻乐见的中国青年名人出面；建立海外“文化青年使者”名人库，多让青年“老外”讲述“中国故事”，以事半功倍。

通过丰富的传播方式，让当代中国文化的海外传播，能更亲和地被海外民众接受、理解、欣赏。

三、培养国际传播的青年专门人才

习近平总书记强调，要全面提升国际传播效能，建强适应新时代国际传播需要的专门人才队伍。要加强国际传播的理论研究，掌握国际传播的规律，构建对外话语体系，提高传播艺术。为了更好地推动当代中国文化“走出去”，向世界阐释、推介更多具有中国特色、体现中国精神、蕴藏中国智慧的优秀文化，我们要培养国际传播的青年专门人才，尤其是通晓国际规则、具有国际活动能力的高端人才。

众所周知，互联网的发展使文化传播可以突破时空界限，对全球文化的传播产生越来越深远的影响，是我们促进对外文化传播的一个重要窗口。文化领域中影视、动漫、出版、演艺等板块在互联网的传播下，能影响更多的人。因此，我们要培养文化产业和互联网产业融合发展的国际型青年人才，以智慧的力量推动中华民族文化资源优势转变为中国文化产品市场优势。另外，我们也要培养具有国际视野的青年理论人才，围绕中国精神、中国价值、中国力量，从政治、经济、文化、社会、生态文明等多个视角进行深入研究，为开展国际传播工作提供学理支撑。

培养国际传播的青年专门人才，关键要建立良好的选人用人机制，将真正的创新人才选出来、用起来，形成广纳贤才、人尽其才的制度体系，为人才的成长提供沃土。人才的力量是巨大的，通过发挥人才的智慧提炼更好的传播理念、设计更有水平的项目、制定更强的传播策略，从而加强对中国共产党的宣传阐释，帮助国外民众认识中国共产党真正为中国人民谋幸福而奋斗的初心，了解中国共产党为什么能、马克思主义为什么行、中国特色社会主义为什么好。

文化国际传播日益成为国家核心竞争力的重要标志。近年来，在党的顶层设计与统筹规划下，我国推进经济、政治、文化、社会、生态一体化发展，在国际合作、交流、交往中，多维融入当代中国价值观念，提升了国际形象。

整体来看，向国际社会努力传播当代中国价值，有助于中国的稳定和发展，对外有助于提升中国的国际形象和软实力，是中国从大国走向强国的强力推进器。在这个过程中，我们要发挥青年力量，努力塑造可信、可敬、可爱的中国形象，努力全面提升对外传播效能。

浅谈青年研修生事业

1978年12月18日召开的党的十一届三中全会将全党、全国工作重心从“以阶级斗争为纲”转移到以经济建设为中心，开启了改革开放和社会主义现代化的伟大征程。习近平总书记说：“改革开放是中国人民和中华民族发展史上一次伟大革命，正是这个伟大革命推动了中国特色社会主义事业的伟大飞跃。”[①]青年研修生事业与改革开放同行，遵照外交工作的总体设计，贯彻了党和国家的战略意图，增进了世界各国青年对中国的了解，也为我国培养了许多具有国际视野的青年人才，为推进改革开放事业做出了重要贡献。

青年研修生事业源于改革开放。“早日恢复中日邦交”是中日两国民间友好交往的共同口号和目标，两国青年为实现这一目标进行过不屈不挠的斗争，做出了巨大的贡献。同时，也因之建立了广泛密切的联系，增进了互相了解，结下了深厚的友谊。1978年，中日两国签订了《中日和平友好条约》。1979年，日本政府开始向中国提供日元低息贷款，中日关系迎来友好发展的新阶段。中日两国的友好交往也向世界传递了中国改革开放的信号，打开了中国与世界互相了解的窗口。

邓小平同志指出，任何一个国家要发展，孤立起来、闭关自守是不

①习近平：《在庆祝改革开放40周年大会上的讲话》，人民出版社2018年版，第4页。

可能的。不加强国际交往，不引进发达国家的先进经验、先进科学技术和资金，是不可能的。改革开放事业需要培养一批了解日本、有国际意识的人，通过他们搭桥引路，将中国的需求和日本及世界各国有机结合起来，更好地服务经济建设。中日双方经过认真地探讨，“贸易立国”的日本需要中国的资源和市场，中国需要日本的技术和管理经验。双方诸多的共同需求，为开展青年研修生事业奠定了基础。另外，全国青联是我国中日民间交往中最积极、最活跃、规模最大、联系面最广泛的团体，与日本最主要的青年学生组织、工会妇女组织、友好和平团体青年部、青年宗教团体、工商界青年团体以及总务厅、外务省等官方部门都建立了密切的联系，并多次派团互访。这也为开展青年研修生事业在客观上提供了最有利的条件。

各种有利的因素，推动了青年研修生事业的发展。1979年5月，东京青年会议所代表团访华时，副理事长奥山忠等正式提出邀请全国青联派青年技术和管理人员去日本企业研修。代表团回国后不久，全国青联先后与日中青年研修协会、日本青年团协议会、友爱日中研修协会、东京青年会议所、福岛会津盐川町青年会等团体签订了协议书。

签订协议后，团中央书记处全力以赴开展落实工作。由团中央书记处常务书记、全国青联主席胡启立，书记处书记、全国青联副主席李瑞环等与国家经委、财政部、外交部等领导层沟通协调，得到各部门的鼎力相助。1979年9月，这四家部门联名向国务院递交情况报告，得到邓小平等党和国家领导人的传阅批准。

1980年3月，遵循专业对口的原则，由国家经委和共青团系统分别推选，经过在湖南长沙铁道学院3个月的集训，由技术人员、新长征突击手、企业管理人员、工商业行政管理人员、科技研究人员、大学教师等82名人员组成的第一期研修生前往日本。团中央国际联络部原部长贾棣锷认为，派遣青年研修生到日本学习这种培养人才的方式效果很好。这些大多来自生产、科研、教学、企业第一线的研修生会有许多亟待解决的问题，学习目的明确，他们学习的自觉性、主动性都很高。据统计，在一年多时间里，取得技术和科研成果51项，在学术讨论会上作报告176次，发表论文98篇，翻译和撰写专著15本，绝大多数人成为技术、科研、管理方面的骨干。

1980年4月，邓小平同志会见了第一次率日本青年研修协会代表团来访的日本友人冈崎嘉平太先生，在这次会见中，邓小平同志讲了关于人才工作的重要性和紧迫性。他曾深刻指出：“现在我们国家面临的一个严重问题，不是四个现代化的路线、方针对不对，而是缺少一大批实现这个路线、方针的人才。道理很简单，任何事情都是人干的，没有大批的人才，我们的事业就不能成功。”[①]他还强调，要把工作的重点放在四个现代化上，要坚定不移、永远如此。党和国家领导人的支持，为青年研修生事业插上了快速发展的翅膀。

1983年7月9日，中共中央办公厅转发了《关于派遣研修人员赴日学习情况的报告》。中共中央书记处认为，共青团中央开展这项外事活动是有成绩的，特别是在选派研修人员时，坚持从国内经济建设的实际需要出发，在选修专业上，既学技术，又学管理，做到“学以致用”，减少了在派遣留学生和其他进修人员工作中的盲目性，走出了一条花钱少、效益高，“经济实惠”的路子。

自此，青年研修生事业从无到有、从小到大取得了长足的发展，培养了一大批具有国际竞争能力的优秀青年人才，促进了经贸合作，加深了世界对中国的了解与理解，加快了中国走向世界的步伐。

---

①《邓小平文选》（第二卷），人民出版社1994年版，第220—221页。

改革开放初期，我国缺少技术、缺少资金、缺少具有国际视野的人才，经济建设百业待兴。我国在派遣青年研修生的过程中，积极协助地方引进日本先进的农业和养殖技术，有力地促进了地方经济发展。例如，协助吉林省延边农科所引进日本先进育种技术，培育出玉米旱熟单交种“延单7号”，获得吉林省政府成果奖三等奖。又如，辽宁省海洋水产研究所研修生借鉴日本在鲍鱼人工育苗方面的先进技术，结合本地实际，成功开发了稚鲍网箱活水育苗新技术，获得农业部和辽宁省政府重大科技成果奖。

20世纪80年代以来，团中央、全国青联通过向日本东京银行、大阪银行、丸庄证券等机构派遣研修生，以及与日本、美国、德国、澳大利亚等的友好组织合作培训道路建设专业人才，为我国上海、深圳两大证券交易所的成立和发展，包括实现交易所电脑化交易、无纸化交割和采用卫星通信技术等，为中国高速道路交通网络体系的规划和快速发展储备、培养了大批优秀青年人才。他们当中的许多人成为我国证券金融界和交通建设行业的领军人物。

随着中国与欧美等主要发达国家的友好关系不断深入推进，青年研修生派遣的范围和领域也逐渐扩大，在派遣一年期赴日研修生的基础上，逐步衍生了派往新西兰的中短期畜牧业研修生，以及派往美国、德国、英国等涉及金融、卫生、教育、建筑技术等领域的短期专业培训研修生等。

进入21世纪，我国根据国内青年就业的现实需要，在传统赴日研修生项目的基础上，启动了以培养职业技能为主要内容，面向老少边穷地区和城市困难家庭青年的赴日技能研修项目，既培养了生产一线急需的紧缺专业人才，也为青年提升就业能力提供了切实帮助。2001年，团中央制定了《全国团干部教育培训规划》，实施了“百名团干部赴国外研修培训项目”，每年派遣100名各地区、各行业的优秀团干部赴美、英、德、澳等国的知名大学、政府部门和专业机构进行研修培训，系统学习这些国家在青少年事务、公共管理、企业管理、金融管理等领域的先进经验，助力团干部成长和国际交往能力的提升。截至2008年，我国相关部门向日本、美国、加拿大、德国、英国、澳大利亚、新西兰等发达国家共派遣约7000名研修培训人员；利用国外资助累计逾5亿人民币；有7名长期支持参与我国青年研修生事业的国际友人获得国家“友谊奖”。

通过发展青年研修生事业，一是开展友好工作，广泛结交朋友，介绍我国改革开放政策，让日本及世界看到了中国实现四个现代化的希望，对中国青年产生了亲切感。二是在耳闻目睹、接触实际中，研修生看到了差距，开阔了视野，增强了“国际意识”，提高了建设祖国的责任感和紧迫感。回国后，在各自的岗位上对改革开放政策领会得更加深刻，成为自觉实践、执行改革开放政策的活跃力量。三是青年研修生起到了友好使者作用，并在以后的中日友好及世界各国友好中发挥了骨干和桥梁作用，让更多的国际友人爱上中国。

青年研修生事业与改革开放同行，产生了深远而广泛的影响，正如胡锦涛同志于2002年4月14日接见第二届全国青年归国研修生并会见中外代表的讲话中所说：“选派优秀青年出国研修是中国实行改革开放以后的新事物。20多年来，它不仅为中国现代化建设培养了大批的骨干，而且拓展了青年友好交流的领域，推动了中日两国友好合作关系的发展。”①时任中共中央政治局委员、全国人大常委会副委员长王兆国同志说：30年来，青年研修事业坚持服务党和国家工作大局，不断拓展工作领域，不断扩大交流范围，为各行各业培养了大批优秀的青年人才，在引进国外先进技术和

①共青团中央国际联络部：《中日青年友好交往回忆录》，中国青年出版社2011年版，第228页。

管理经验方面也取得了丰硕成果。时任文化部部长蔡武同志说：伴随中国改革开放诞生的青年研修生事业，励精图治、开拓进取，培养了众多优秀人才，在开展国际友好交往、经济技术合作、青年文化交流等方面取得了突出业绩。希望面向新世纪，青年研修生事业能够与时俱进，坚持以科学发展观为指引，为推动社会主义文化发展大繁荣和全面建设小康社会贡献力量。

青年研修生事业是改革开放的组成部分。改革开放以来，我国依托青年研修生事业，举办了一系列具有影响力的项目和活动，鼓励青年根据各国发展需求在科技、文化、资源、经济、环保领域共商共建共享共赢，促进了国家之间的合作。通过青年研修生事业形成了渠道众多、领域广泛、层次丰富、方式多样的青年外事交往格局。交流内容涉及政治、经济、文化、科技、环保等各个领域；交流层次涵盖普通青年学生、青年学者、青年企业家以及青年领导人；交流方式包括代表团互访、研讨座谈、考察研修、文艺演出、体育竞赛等。面对各种困难，青年研修生事业牢牢把握发展的大方向不断前行，没有走回头路。在发展中，青年研修生事业坚持改革与创新相结合、坚持向国外学习先进理念与培养人才相结合、坚持“走出去”与“走进来”相结合，走出了一条具有中国特色的国际青年交流发展之路。

青年研修生事业彰显了改革开放的意义，是改革开放伟大实践的生动缩影，诠释了改革开放的中国道路、中国智慧。从文化交流模式到经贸合作思路，从国际项目创新到创新管理理念，从推动青年交流到促进民心相通，青年研修生事业在发展模式、体制机制、管理架构等方面都进行了卓有成效的改革创新。我国以青年研修生事业为平台，积极争取日本、韩国等国政府和民间的资金援助，支持“保护母亲河行动”，实施了“日中绿化交流基金”“中韩绿色友好长城”等国际环保合作项目。截至2008年，累计执行受援项目164个，金额近1.5亿人民币，造林面积近17000公顷，覆盖全国20多个省、市、自治区。

伟大的事业会遇到各种挑战，青年研修生事业亦如此。面对各种挑战，青年研修生事业见招拆招，抓住关键环节逐一破解，取得良好成效。突破传统观念意识的束缚就是重要的挑战之一。改革开放初期，人们还没有完全摆脱“以阶级斗争为纲”“防止资本主义复辟”等的思想束缚。有人问，派这些知识分子到资本主义国家，又被分散到几十个企业，会不会出问题。还有人对日本丸庄证券接受研修生不理解，说“学习技术可以，学资本主义的剥削制度方法有何必要”。这部分人在后来听了第一批研修生的回国汇报后，才终于在实践过程中端正了认识。

在发展过程中，我国也遇到了工作体制瓶颈的挑战。为了突破这一瓶颈，1987年，成立了引进国外智力领导小组，由当时团中央书记处分管外事的书记李克强同志任领导小组组长。之后，在团中央书记处原第一书记宋德福同志等领导的亲自关心下，1992年，成立了团中央引进国外智力领导小组办公室。1993年，在引智办的基础上，又成立了中国青年国际人才交流中心，有了共青团从事青年引智事业的专门机构。2004年，成立了中国国际青年交流中心，进一步加强了青年引智队伍的实力，完善了青年引智体制，为青年引智事业的持续发展提供了有力的组织保障。

国际环境也对青年研修生事业产生了挑战。在当时各国媒体及国际舆论对我国不利的形势下，有不少日方合作团体提出了考虑暂时中止或推迟合作的意见。20世纪90年代以后，日本由于受泡沫经济的影响国内经济迅速衰退，不少研修生接受组织也受到波及。面对这一挑战，青年研修生事业不断寻求新的合作模式，在巩固老渠道、开辟新渠道方面下了不少功夫，发展了像日本青年会议所等一批新的合作团体。

虽然任何开创性的事业都不可能是一帆风顺的，但只要大方向正确，符合客观形势发展需要，许多困难在实践中就能被逐步解决。青年研修生事业以大局为重，采取创新性的思维和方式，以中国智慧和中国方案解决了各种挑战。中国国际青年交流中心原主任邓亚军同志说，长期以来，老一辈人在国家友好的基础上用心血将友谊的种子浇灌成稚嫩的树苗，并亲手交到我们的手上，我们有责任继续看护好它并使其茁壮成长，经受住狂风暴雨的洗礼，然后将这份使命和责任继续传递给下一代年轻的后来人。我相信只要世世代代如此，友谊之树必将成长为郁郁葱葱的参天森林，永葆青翠。

青年研修生事业的发展给我们带来了深刻的启示，就是做好任何事业都必须服从国家大局。青年研修生事业不仅带来了技术和资金，而且让更多的中国青年“走出去”，让更多的国外青年“走进来”，促进了国际青年交流事业的发展。其深层原因主要是，青年研修生事业在大局下思考，将自身和国家战略有机结合起来，在服务国家改革开放中找准定位、明确使命。在青年研修生事业刚实施时，就始终遵循国际交往规则，运用创新思维探索以文化交流促进经贸合作机制。改革开放初期，依托青年研修生事业积极协助地方引进日本先进农业和养殖技术，有力地促进了地方的经济发展。例如，为四川贫困地区井盐县周坡引进日本优良柑橘树种和先进种植技术，在荒山丘陵地带示范推广10万多亩，走出了一条开发利用山区资源脱贫致富的新路子。

高质量的青年人才队伍是实现伟大事业的重要保障。党的十八大以来，以习近平同志为核心的党中央高度重视人才队伍建设，站在党和国家事业的全局战略高度，多次强调培养高质量人才的重要性。青年研修生事业引导和帮助中国青年扩大国际视野，在科技、文化、环境等领域不断创新，培养了创新型、应用型、技能型人才。据不完全统计，在归国青年研修生中，有近1/6成为行政管理部门的领导干部，其中担任省部级、厅局级领导干部的就有110多人；有1/7从事科研工作，其中有近150名教授、专家；有600多名研修生担任企事业单位的领导，还有很多研修生创办了民营或股份制企业。他们中的大多数都成长为所在单位、所在行业、所在部门的骨干力量，在我国的改革开放和经济社会建设中发挥着积极作用，做出了重要贡献。

青年研修生事业作为国际青年交流的重要组成部分，为国外青年了解并懂得中国提供了平台，助推了改革开放，促进了中国与世界的融合发展。

习近平总书记指出，实现“两个一百年”奋斗目标以及中华民族伟大复兴，归根结底要靠人才。如果没有一支宏大的高素质的人才队伍，那么实现中国梦就是一句空话，而有了源源不断的人才优势，中华民族的伟大复兴必将指日可待。优秀青年人才是宏大人才队伍的重要组成部分，是中国特色社会主义事业合格建设者和可靠接班人的中坚力量，是实现中华民族伟大复兴的必然要求。

在新的历史形势下，青年人才培养要对标“十四五”规划和2035年远景目标，坚持深化改革创新，准确把握新发展阶段、深入贯彻新发展理念、加快构建新发展格局，总结青年研修生事业的宝贵经验和做法，积极开辟工作新局面，不断提升大局贡献度。

完善青年人才培养体系。全方位培养具有“坚定理想信念、高尚道德情操、扎实理论功底、突出创新能力、优良学风文风”的高素质马克思主义人才。教育引导青年人才坚定理想信念，做“真学、真懂、真信、真用”的马克思主义者。教育引导青年人才打牢马克思主义理论基本功，创新思维方式、完善知识结构，在国际舞台上会发声、敢亮剑。整合并组建全国性、区域性、地方性马克思主义理论学术组织，定期举办各种马克思主义理论学术研讨活动，为青年人才创造更多交流协作机会；设立国家级专项基金，资助青年人才加强与国（境）外学术机构、学术团体、知名专家的学术交流与合作，提升国际视野，提高国际水平。

厚植青年人才培养土壤。认真贯彻习近平总书记提出的"建立更为灵活的人才管理机制，打通人才流动、使用、发挥作用中的体制机制障碍"①，支持和帮助青年人才成长。依托高校、科研院所、党政机关和企事业单位等，建立一批青年人才研修基地、实践基地，通过培训研修、访学考察、攻读学位、项目研究等途径，提升青年人才队伍素养。

创造青年人才成长的机会。当今，人工智能工程、物联网工程技术、网络直播等新经济新职业催生的新人才已用蓬勃的发展势头颠覆了传统就业理念。无论是不是青年中的"拔尖人才""专业人才"，三百六十行只要做"精深"了，都是党和国家事业发展不可或缺的关键人才。要进一步深化人才评价机制，坚持"不论资历论能力、不看年龄看本领"的评定标准，实行更加积极有效的人才政策，让真正能做实事、做好事的青年人才展现"真功夫、好功夫"，确保人才政策接地气、起作用、出效益。因此，要加强相关部门协同配合，不断完善培养青年人才激励机制，促进优秀人才成长；党政领导干部应主动联系青年人才，多为他们办实事、做好事、解难事，多听取他们的意见和建议，给他们的成长成才创造更多的机会。

千秋基业，人才为本，人才是实现民族振兴的关键一环。当代中国，比以往任何时候都更加接近中华民族伟大复兴的中国梦，同时也面临着更

---

①中共中央文献研究室编：《习近平关于科技创新论述摘编》，中央文献出版社 2016 年版，第 111 页。

为激烈的国际竞争。青年人才有专业的技能、有创新的活力、有奋斗的激情，他们正引领着科技创新、经济发展、社会进步、全球治理，青年人才的培养和使用关系全局和长远。

改革开放已进入深水区，国家间的较量本质上就是人才的竞争。面对新形势、新任务，我们要以只争朝夕的紧迫感和时不我待的使命感，重塑青年人才培养格局，优化人才培养模式，发挥党的政治功能和组织价值，为青年人才打开绿色通道，提供广阔的平台天地，最大限度地让他们发挥优势、展现才能，为国家和人民事业主动担当、有所作为。

向在华留学生讲好中国共产党的故事

2021年6月21日，习近平主席给北京大学留学生的回信中说道：“读懂今天的中国，必须读懂中国共产党。”①100年来，一代代中国共产党人领导中国人民进行了社会主义道路的艰难探索，初步建成了中国特色社会主义，使中国人民体验到了国家从站起来、富起来到强起来的幸福感，探索出一条实现中华民族伟大复兴的正确道路。在新时代，我们要以时代变化为晴雨表，以大局贡献度为导向，向在华留学生讲好中国共产党的故事。

随着中国综合国力的提升，来自亚洲、欧洲、非洲、美洲、大洋洲的国家的留学生日益增多，为世界各国培养了优秀的青年人才，促进了文化的融合与发展。据统计，截至2016年，共有来自205个国家和地区的442773名各类外国留学人员在31个省、自治区、直辖市的829所高等学校、科研院所和其他教学机构中学习（以上数据均不含港、澳、台地区）。这些在华留学生通过学习提升了本领，拓宽了视野，切实体会到了中国在共产党的领导下取得了辉煌成就。

高校是培养留学生的重要阵地，也是向世界展示中国形象的重要窗口。积极向留学生讲好中国共产党的故事，从党的历史经验中汲取成长的智慧和进步的力量，是高校育人工作的神圣使命和重要任务。新时期的留

---

①《习近平给北京大学的留学生们回信》，《人民日报》2021年6月23日。

学生，大多是“80后”“90后”，既充分享受了思想解放、经济全球化带来的红利，也受到了各种思想文化相互激荡、各种社会矛盾相对集中的影响，出现了政治信仰淡化、社会责任感降低等倾向。

当前，中国正处于实现中华民族伟大复兴关键时期，世界正经历百年未有之大变局。在这一重大历史时刻，向在华留学生讲好中国共产党的故事，对于讲清楚中华文化是中华民族最深沉的精神追求；讲清楚中华优秀传统文化是我们最深厚的文化软实力；讲清楚中国特色社会主义是适应中国和时代发展进步的要求，具有重大而深远的意义。

讲好中国共产党的故事，可以进一步坚定留学生的理想信念，树立正确的人生观和价值观，既看到前途的光明，又看到过程的曲折，有利于他们树立远大理想、练就高强本领、读懂当代中国，成为一名具有社会责任感的世界公民，共同推动人类命运共同体的建设；有利于提高中国国际形象；有利于促进各国人民民心相通。各个高校和教学机构要切实提高政治站位，深刻认识向在华留学生讲好中国共产党故事的重要性，切实增强做好留学生事业的政治自觉、思想自觉、行动自觉，以更加昂扬的精神状态和奋斗姿态建功新时代。

一、有利于帮助在华留学生树立远大理想

中国共产党之所以能够经受一次次挫折后又一次次奋起，归根结底是因为我们党有远大理想和崇高追求。对共产主义的信仰，对中国特色社会主义的信念，是共产党人的政治灵魂，是共产党人经受住任何考验的精神支柱。中国共产党因为树立了远大的理念，才由弱变强，从胜利走向胜利。

留学生从世界各地来到中国学习，不仅要学习文化知识，更要学习中

华文化的内涵。向在华留学生讲中国共产党的故事，有利于他们自觉调整个人利益与国家利益二者的关系，培养他们的公共意识。

来自各国的留学生生活条件不同、个体意识强烈、个性特征鲜明，通过讲好中国共产党的故事，可以进一步磨砺留学生的意志品质，树立他们实事求是的真心、与人为善的成心、克服困难的信心、夺取胜利的决心，把个人事业和国家大业紧密结合起来，使他们得到全面发展。

二、有利于提高中国国际形象

在中国共产党的领导下，改革开放取得了巨大的成就，不仅经济快速增长，也催生了全球治理新体系。中国在让本国人民过上好日子的同时，也同世界人民分享成果。中国通过各种方式积极参与解决脱贫减贫、环境保护等全球性问题，积极参与国际对话与合作，推动建立公正合理的国际新秩序，彰显了负责任大国的使命和担当。来自巴基斯坦的华中农业大学农业经济管理专业博士生阿米尔说："新冠肺炎疫情的经历，让我更加深刻体会到中国共产党执政为民的理念。中国在新冠疫苗领域争分夺秒潜心研发，并援助他国，体现了大国的责任担当。"

改革开放以来，在中国共产党的领导下，中国积极融入世界，为全球治理贡献了中国道路、中国智慧、中国方案，中国的国际形象日益提高。中国正在以世界和平的建设者、全球发展的贡献者、国际秩序的维护者、文明交流的推动者等角色定位，积极参与全球治理，为人类社会发展进步做出重大贡献。

把这些伟大的成就讲给在华留学生，让他们亲身体会中国既积极争取和平的国际环境发展自己，又以自身的发展促进世界和平的现实；让他们明白中国既更好地利用世界机遇，又让世界更好地分享中国机遇的格局；让他们懂得中国既坚定维护以联合国宪章宗旨和原则为核心的国际秩序和国际体系，又推动全球治理体系朝着更加公正合理的方向发展的宗旨。在华留学生会把这些故事通过各种方式分享给本国青年及人民，进而使世界各国人民了解、认知、懂得中国。来自乍得共和国的北京大学国际关系学院博士生托马说："中国发展得非常快，我感到很惊讶，也很受触动。"他希望将所看、所学、所想带回去。在重要的国际场合，这些留学生也会向国际社会分享自己在中国的所见所闻，在交流互鉴中提升中国国际形象。

三、有利于促进各国人民民心相通

习近平主席给北京大学留学生的回信，引发了热烈反响。在华留学生纷纷表示，要更加深入地了解真实的中国，把想法和体会介绍给更多的人，为促进各国人民民心相通发挥积极作用。北京化工大学国际教育学院留学生辅导员关冠童表示："做好来华留学生教育培养工作，就必须引导留学生了解中国共产党的历史，了解中国共产党人的初心和使命，引导留学生理解中国共产党是为中国人民谋幸福的政党，也是为促进人类进步事业而奋斗的政党。"

中国共产党诞生、井冈山斗争、红色苏区、红军长征、建立抗日民族统一战线抵抗外来侵略、解放全中国、"进京赶考"、新中国成立、"两弹一星"制度、改革开放、新时代脱贫攻坚等都是很好的中国故事。讲好这些中国共产党砥砺前行的故事，能让在华留学生知道中国的发展和世界上每个国家的发展一样，都是人民披荆斩棘、努力奋斗的成果，从而使各国人民在心理和情感上产生共鸣。"鞋子合不合脚，只有自己知道。"中国共产党的奋斗历程，也让世界人民了解中国人民选择社会主义的正确性。

在全球发展越来越具有不确定性、不稳定性，“黑天鹅”“灰犀牛”现象频繁出现的态势下，中国共产党领导人民乘风破浪，发挥中国特色社会主义国家制度和国家治理体系的优势，成就显著。在肆虐全球的新冠肺炎疫情中，中国共产党以人民为中心展现出的中国速度、中国规模、中国效率、中国力量，赢得了世界各国人民的广泛赞誉和高度评价。来自孟加拉国的北京理工大学计算机科学与技术专业2018级本科生陶天说，自己留学3年来，除了学习先进的科学文化知识外，还真切感受到中国的无限魅力，“我会时常告诉亲朋好友真实的中国，我愿成为中孟两国的友谊之桥”。

读懂今天的中国，必须读懂中国共产党。中国共产党致力于发展经济、消除贫困，积极援助其他国家抗击新冠肺炎疫情的故事，更能引起在华留学生的兴趣。因此，我们要把这些故事讲全面、讲出深度、讲出温度。

四、如何讲好中国故事

（一）讲中国发展经济的故事

向在华留学生讲好发展经济的故事很关键。不只有中国人民想过上好日子，世界人民也想过上幸福的生活，只有发展经济才能实现这一愿望。来自韩国的中国人民大学历史学院学生曹大浩说：“我是研究中国共产党历史的留学生，对‘读懂今天的中国，必须读懂中国共产党’这句话感触特别深。”

新中国初期，百废待兴。中国共产党确立了社会主义基本制度，开始推进社会主义基本建设。经过几十年的努力，中国在工业、农业、国防、科技等方面获得了长足的进步。

1978年，改革开放开启了中国发展经济的伟大征程。小岗村的18个红手印，蛇口工业区的“开山第一炮”，多哈敲响的中国“入世锤”……改革开放40多年来，北京中关村、上海浦东、深圳南山，杭州的互联网……一个个新兴产业集群蓬勃生长，创新成为引领发展的第一动力。

党的十八大以来，中国共产党继续团结带领人民开拓进取、勇于创新，进行伟大斗争、建设伟大工程、推进伟大事业、实现伟大梦想，推动党和国家事业取得全方位、开创性历史成就。2018年前三季度，第三产业增加值占GDP的比重上升至53.1%，对经济增长的贡献率达到60.8%。

2019年，面对复杂的国内外经济形势，“中国共产党和中国政府始终致力于保持发展动力、推动经济稳定增长，中国继续成为世界经济向前的动力”。2020年、2021年，中国经济虽面临压力，但长期向好的趋势没有变。

通过向在华留学生讲述这些故事能让国际社会认识到，中国正以市场为导向、以法律为准则，进一步推动经济高质量发展，进一步提高人民的生活水平，让世界人民分享发展的成果。

（二）讲中国消除贫困的故事

中国共产党始终高度重视扶贫工作，中国对全球减贫贡献率超过70%，创造了世界减贫史上的奇迹。1982年，中国启动“三西”农业建设专项计划；进入21世纪，中国实施两个为期10年的农村扶贫开发纲要……党的十八大后，习近平总书记指出“小康不小康，关键看老乡，关键在贫困的老乡能不能脱贫”，强调“决不能落下一个贫困地区、一个贫困群众”，拉开了新时代脱贫攻坚的序幕。

2012年12月，习近平总书记来到阜平县骆驼湾村和顾家台村，进村入户看真贫，向全党全国发出脱贫攻坚的动员令。经过8年的艰苦奋斗，截至2020年底，中国如期完成新时代脱贫攻坚目标任务，现行标准下9899万农村贫困人口全部脱贫，832个贫困县全部摘帽，12.8万个贫困村全部出列，区域性整体贫困得到解决，完成了消除绝对贫困的艰巨任务。

中国摆脱绝对贫困，提前10年完成联合国2030年可持续发展议程减贫目标，为世界范围内消除贫困、实现和平发展做出历史性贡献。古巴国际政治研究中心高级研究员何塞·罗瓦伊纳罗瓦伊纳说："中国脱贫攻坚的成就令世界瞩目，这是中国共产党领导的直接结果。中国为在2020年之前彻底消除绝对贫困做出了巨大努力。尽管新冠疫情带来许多困难，但我坚信，中国政府将继续完成其让中国人民摆脱贫困的任务。"

中国在致力于消除自身贫困的同时，积极参与国际减贫合作。在亚洲地区，中国与东盟国家共同开展乡村减贫推进计划，在老挝、柬埔寨、缅甸3国乡村基层社区实施东亚减贫示范合作技术援助项目。在非洲地区，中国为非洲国家援建水利基础设施，打造农业合作示范区，推进实施中非菌草技术合作等项目。在南太平洋地区，开展基础设施建设和农业、医疗等技术合作援助项目。在拉美地区，援建农业技术示范中心，帮助受援国当地民众摆脱贫困。

来自叙利亚的北京科技大学博士研究生法迪说："在与国际学生的交流活动中，我讲述过中国的脱贫攻坚故事。在中国的学习即将结束，我会把亲眼看到、亲耳听到、亲身感受到的中国介绍给更多人，为促进各国人民民心相通贡献力量。"向在华留学生讲消除贫困的故事，能推动更大范围、更高水平、更深层次的区域经济社会发展合作，帮助发展中国家实现2030年可持续发展议程减贫目标。

（三）讲中国构建人类命运共同体的故事

习近平主席着眼于人类发展和世界前途面临的重大问题提出了构建人类命运共同体，这体现了中国立场和中国智慧，反映了人类的美好愿望和共同价值。推动构建人类命运共同体，旨在建设一个“持久和平、普遍安全、共同繁荣、开放包容、清洁美丽”的世界，其核心内涵是要和平不要战争、要发展不要贫穷、要合作不要对抗、要共赢不要单赢。提出“一带一路”倡议，就是要践行人类命运共同体这一理念。

2017年，习近平主席在“一带一路”国际合作高峰论坛开幕式上发表主旨演讲时指出：“推进‘一带一路’建设，要聚焦发展这个根本性问题，释放各国发展潜力，实现经济大融合、发展大联动、成果大共享。”①“一带一路”建设为各国带去了发展机遇，带去了繁荣兴盛。2013年至2020年，中国与“一带一路”沿线国家的货物贸易累计达9.2万亿美元，对沿线国家累计直接投资1360亿美元。通过“一带一路”，中国秉持以和平合作、开放包容、互学互鉴、互利共赢为核心的丝路精神，与世界共享发展和经验，共同应对种种挑战。

2020年初新冠肺炎疫情暴发，在中国共产党领导下的社会各阶层群众，举国行动，全力应对疫情，采取有力措施保障社会管理、抗疫物资生产和运输、疫苗研发等。疫情面前，中国展现的不仅是“集中力量办大事”的制度优势，更是以人类共同利益为重的价值追求，用实实在在的行动践行了构建人类命运共同体的承诺。来自喀麦隆的北京大学国际关系学院博士生门杜说：“中国共产党在抗击新冠肺炎疫情中取得突出成绩，还积

①习近平：《携手推进“一带一路”建设——在“一带一路”国际合作高峰论坛开幕式上的演讲》，《人民日报》2017年5月15日。

极援助其他国家。作为一名留学生，我感到非常安心。我选择留在中国继续学习、生活，也会积极分享中国的抗疫经验。”向在华留学生讲好构建人类命运共同体的中国故事，能进一步夯实人类命运共同体的民意基础，筑牢社会根基，使之成为国际社会的普遍认同和追求。

五、运用不同载体讲好中国故事

在华留学生来自不同的国家，具有不同的文化背景和思维方式。因此，我们在讲中国共产党故事时，要认真学习习近平总书记的话语表达方式。用中国特色的话语表达观点，用生动的故事打动听众，用外国人熟悉或听得懂的典故和事例诠释理念等。当然，还要运用好各种载体。例如，在华留学生第二课堂、社会实践活动、新媒体等。

（一）运用好在华留学生第二课堂

世界各地的来华留学生都带有自身国家文化烙印，文化差异较大，在学习生活中容易产生误解和偏见。因此，运用喜闻乐见的方式在“在华留学生第二课堂”中讲中国共产党的故事能在思想上形成默契，拉近彼此的距离，更好地进行交流。

“在华留学生第二课堂”通过组织公开课观摩、社会调研、树立典型、文化体验等方式，引导在华留学生学习社会主义核心价值观和中国梦的内涵，让他们理解和认同中国的发展理念。“在华留学生第二讲堂”在内容设计上，紧密围绕理想信念、文化交流、奋斗精神、人类命运共同体等方面开展，例如在中国历史课中讲述中国共产党带领中国人民探索救国救民道路的故事、讲述新中国成立的故事、讲述改革开放的故事、讲述新时代的故事；在文化课程中，可以讲述中国共产党治国理政的理念、讲述共产党人不忘初心和牢记使命的故事；在美食课程中，可以运用包饺子等形式阐述中国共产党“和而不同”的理念。

但是，在“在华留学生第二课堂”融入党的故事形式要巧妙，不能生硬，这样才能达到春风化雨的效果，让更多的在华留学生受益一生。一是“以小见大”。要从在华留学生的接受习惯出发，精心选择小故事、小细节，巧妙选择小切口、小角度。二是“以柔克刚”。变硬性说教为柔性沟通，变居高临下为平等交流，变单向灌输为双向互动。三是“由近及远”。要针对在华留学生与我们在文化传统、价值观念、思维方式上的差异，围绕利益交汇点、诉求契合点、情感共鸣点寻找选题。

（二）开展丰富多彩的社会实践活动

习近平主席在给北京大学留学生回信中表示：“中国有句俗语：百闻不如一见。欢迎你们多到中国各地走走看看，更加深入地了解真实的中国。”[①]社会实践活动能培养留学生的能动性、自主性、参与性、合作性。因此，我们要积极鼓励留学生走出学校，参加各级各类的社会实践活动。厦门大学经济学院助理教授祝嘉良说：“我校经常组织在厦门的留学生参观和体验中国文化，从留学生们的反馈中得知，他们收获不小。在课上，我也经常鼓励留学生们更加深入地了解中国。”

我们要通过社会实践活动，让在华留学生了解中国国情，感知中国发展，从而了解真实、客观、立体的中国。留学生来到嘉兴通过重温历史上的重要会议、重要事件、重要人物，可以体悟共产党人的“红船精神”；来到井冈山聆听“星星之火可以燎原”的故事，可以感悟共产党人筚路蓝

①《习近平给北京大学的留学生们回信》，《人民日报》2021年6月23日。

缕、艰苦奋斗的精神；来到深圳看到改革开放取得的成就，可以感知共产党人为人民谋幸福的决心。来自美国的清华大学社会科学学院2020级本科生李依川表示：“作为一名留学生，我深深感受到习主席对高等教育及国际交流合作的重视，非常希望能在接下来的大学生活里，多到中国各地走走看看，更加深入地了解中国的方方面面，将中国的美好分享给全世界。”

开展社会实践活动要善于总结和分享。比如，建立定期分享研讨制度。通过讲座、讨论会、报告会、读书报告等形式的研讨活动不仅能够提高留学生的专业素养，而且能深入了解中国文化，了解中国共产党的故事，从而提升自己的认知水平。

（三）运用好新媒体

随着互联网的发展，新媒体的影响力越来越大，充分利用新媒体向在华留学生讲中国共产党的故事已是大势所趋。中央党史研究室副主任吴德刚表示，在新媒体时代，党史宣传教育工作要跟上时代步伐，用好新媒体手段讲好故事；同时，要用大家喜闻乐见、容易接受的方式讲党史故事。要多挖掘鲜活的党史故事，以真理的力量打动人、感化人。

微博、微信、各类传媒客户端等，这些都是我们向在华留学生讲述中国共产党故事的新阵地。我们要利用好这些新媒体平台，拓宽“Z世代”受众面，打造立体传播途径，使中国共产党的故事既要讲得好，也要传播得好，影响力不断提升，达到“大珠小珠落玉盘”的效果。

在传播过程中，要抓住在华留学生的心，就需要讲述故事的人有针对性地对这类群体的阅读和接受心理进行分析，对传播的内容进行个性化处理，增强故事内容的针对性、精准性、有效性。例如，站在对方的角度来表达故事的内涵，把我们想讲的和国外受众想听的结合起来，形成良好的互动。故事要更多体现社会性和群众性，发掘价值共同点、放大利益交汇点，让在华留学生想听爱听。

中国共产党对世界的伟大贡献，体现在实现了中国从落后于时代到赶上时代、引领时代，不断为人类做出更大贡献的历史性转变。在华留学生是世界的未来，也是各国的精英，向他们讲好中国共产党的故事，展现真实、立体、全面的中国共产党，更能使中国共产党赢得国际社会的理解和认同。

关于国际青年交流工作的几点思考

习近平总书记多次提到，做好较长时间应对外部环境变化的思想准备和工作准备。作为和平国际环境的受益者和国际地位不断上升的大国，中国有必要引领各国青年更深层次参与国际治理，通过维护、促进世界和平与发展营造良好的外部环境。《中共中央关于制定国民经济和社会发展第十四个五年规划和二〇三五年远景目标的建议》的部署，营造了良好的外部环境，也为奋发有为地开展国际青年交流指明了大的方向。

众所周知，青年是国家发展的中坚力量，也是世界发展的有生力量，培养具有国际型的青年人才对中国和世界都具有重大的助推作用。国际青年交流工作根据国内国际新形势，采取多形式多方式多角度的立体化模式，推动了国际青年人才培养和中外青年务实合作；探索了面向外国青年传播中国文化、讲好中国故事的人文交流机制；发挥了青年在全球话语体系中的作用。

在交流对象上，国际青年交流发挥民间交往的作用，不限于对口组织，灵活多样、积极主动地与国外社会组织、青年团体、学者、大学、政府等建立联系，拓宽交往对象，积极开展青年外事活动。截至目前，我们与亚洲、欧洲、非洲、大洋洲的100多个国家的有关组织和机构建立了友好关系。例如，共青团国际交流等部门配合全国人大、财政部、海关总署、外交部、中联部、文化部、全国妇联、全国青联、对外友协等单位，与来自60多个国家的政治、经济、外交、新闻、教育、文化、科技、体育、青年、宗教等方面人士进行了会见和会谈。

在项目形式上，国际青年交流工作不断积极进取、开拓创新，以全局性和战略性视野设计形式新、有内涵的项目，加强文化、艺术、体育、经贸等交流合作。截至目前，我国开展了中日绿化交流基金、中韩青年交流与防治沙漠化项目、哈佛大学中美大学生社会创新交流项目、亚非青年联欢节、上合组织青年交流营、中俄蒙青年论坛、“丝路使者”培训交流项目、“一带一路”中乌青年论坛等多个具有重大影响力的项目。

在人才培养上，国际青年交流工作不断拓展工作领域，积极丰富工作手段，不断完善工作机制，为各行各业培养的大批优秀青年人才在我国现代化建设和改革开放事业中发挥了积极的生力军作用。改革开放初期，共青团国际交流部门根据国家的相关政策，向日本东京银行、大阪银行、丸庄证券等机构派遣青年研修生，以及与日本、美国、德国、澳大利亚等的友好组织合作培训道路建设专业人才，为我国上海、深圳两大证券交易所的成立和发展，以及中国高速道路交通网络体系的规划和快速发展储备、培养了大批优秀青年人才。

随着国家经济的发展，我国相关部门每年以各种形式派遣各地区、各行业的优秀青年赴美国、英国、德国、澳大利亚等发达国家的知名大学、政府部门和专业机构进行研修培训，系统学习有关国家在青少年事务、公共管理、企业管理、金融管理等领域的先进经验。中国青年与世界青年在环保、人文、科技、经贸等领域的日益交流，提升了青年的全球治理能力，助推了全球经济的发展。

一、国际青年交流工作带来的启示

国际青年交流工作以时代变化为晴雨表，以大局贡献度为导向，不断增强务实合作的内涵和张力，与世界各国建立了互通互联的“朋友圈”，这给我们带来了一定的启示。

（一）守正创新，服务国家改革开放大局

国际青年交流工作不仅带来了技术和资金，而且让更多的中国青年“走出去”，让更多的国外青年“走进来”，促进了世界的融合与发展。我国国际青年交流工作始终遵循国际交往规则，运用创新思维探索以文化交流促进经贸合作机制。

改革开放初期，国际青年交流部门积极协助地方引进日本先进农业和养殖技术，有力地促进了地方的经济发展。例如，为四川贫困地区井盐县周坡引进日本优良柑橘树种和先进种植技术，在荒山丘陵地带示范推广10万多亩，走出了一条开发利用山区资源脱贫致富的新路子。

实践证明，改革开放以来，国际青年交流工作通过引进先进技术等，更好地服务了国家建设。多年来，国际青年交流工作守正创新，始终致力于打造国际青年交流的前沿窗口，在完善青年引智机制、发挥青年在“一带一路”倡议中的作用、构建人类命运共同体等方面积极探索，不断为改革开放做出新贡献。

（二）搭建平台，切实提升青年人才培养质量

人才是富国之本、兴邦大计。搭建平台，为改革开放培养高质量的青

年人才队伍是国际青年交流工作的重要任务之一。改革开放初期，共青团国际交流部门率先开展的青年研修生派遣工作，在培养国家经济建设急需的专业人才等方面做出了突出的贡献。据不完全统计，向日本、美国、德国等派遣的青年研修人员有近1/6成为行政管理部门的领导干部；有1/7从事科研工作，成为教授、专家；还有很多研修生回国后创办了民营或股份制企业。近年来，人工智能等新科技日益成为国际竞争新焦点，全球科技创新进入空前密集活跃的时期，国际社会都在占领科技的领地。在这样的大背景下，切实提升青年人才培养质量已是国家争取更多话语权的重要战略。

实践证明，培养创新型、应用型、技能型人才是时代发展趋势下的必然要求。国际青年交流工作创造了更多的机会，引导和帮助了青年扩大国际视野，在科技、文化、环境等领域不断创新，提高综合素养，增强全球胜任力。

（三）总结经验，提高发展综合能力

习近平总书记强调：工作中的经验是财富，工作中的教训也是财富，关键在于是否善于总结。国际青年交流工作总结国外先进管理经验，积极发挥社会服务职能，为国家建设服务。

实践证明，国际青年交流工作越前进、越发展，新情况新问题就会越多，只有善于总结经验，才能找到解决实际问题的“金钥匙”。面对经济全球化的趋势，国际青年交流工作积极参与“一带一路”倡议、构建人类命运共同体、引领中国青年参与国际事务，使其创造力、凝聚力、自我发展的综合能力不断提升。

二、新时代国际青年工作的新使命

国际青年交流工作诠释了中国道路、中国智慧。从文化交流模式到经贸合作思路，从国际项目创新到创新管理理念，从推动青年交流到促进民心相通，国际青年交流工作都有了全新的提升，文化交流更有深度、项目设计更有高度、对外交往更有广度。

进入新发展阶段，有效引领青年一代更多更深入地参与国际交流与合作意义重大。当下，国际形势日趋复杂多变，亟须不断构建于我国有利的国际环境，作为我国公共外交的重要组成部分，国际青年交流工作应该紧跟中国特色大国外交步伐，利用好自身的优势，发扬优良传统，整合社会资源展现更大作为。

习近平总书记殷切期望新时代中国青年“要有家国情怀，也要有人类关怀”，为推动构建人类命运共同体而努力；多次强调要做好中外青年交流，培养人民友好事业接班人，并在多个外交场合深情勉励、亲切寄语各国青年，倡议提出多个多边和双边框架下的青年交流项目，身体力行推动中外青年交流交往。习总书记重要指示为我们做好新时代青年外事工作指明了工作方向，提供了根本遵循。我们应该充分认识到，在新发展阶段贯彻新发展理念，促进新发展格局，新时代国际青年交流工作责任重大，使命光荣。

（一）优化战略布局

国际青年交流工作要运用习近平外交思想把眼界和格局贯通起来，优化战略布局把当前的新形势和新任务摆进去，把工作实际和思想实际摆进去，提高运用科学理论和丰富知识解决实际问题的能力。着力打造旗舰项目和自主品牌，讲好中国故事，传播中国声音，使中国青年与世界青年更加紧密地联系在一起，创造新气象，实现新作为。

优化战略布局，有助于提升国际青年交流的质量和水平；有助于登高望远，在工作中以实事求是的科学态度妥善处理青年外事；有助于在任何复杂的事务和问题面前保持清醒和理性；有助于处理好重点与一般、双边与多边、当前与长远、发达国家与发展中国家、政治利益与经济利益的辩证关系。

（二）创新工作机制

国际青年交流工作要以问题为导向，立足疫情防控常态化，克服路径依赖，发挥技术进步的支撑作用，探索国际交流与合作的新模式，增强把工作对象转化为工作力量的能力，提高国际青年交流合作的参与度和广泛性。加强改革创新的力度，破除还存在的一些妨碍发展的体制机制弊端，努力续写更多“春天的故事”。

党的十八大以来，国际经济、科技、文化、安全、政治等格局都发生了深刻调整，世界进入百年未有之大变局。毫无疑问，国际青年交流工作要在精准谋划上下足功夫。在硬件设施方面，要不断优化以达到布局合理、功能完备、互联互通的要求，最大化开放服务设施，回归服务本源，让广大青年愿意来、进得去、留得住。在软件设施上，要不断提升国际青年交流的文化氛围，运用互联网提高品牌知名度，使我国成为国际青年的“打卡地”和向往地。另外，以助推全球经济复苏、维护全球产业链供应链稳定为重任，从人才支撑、资金投入、示范创建等方面，出台一系列含金量十足的政策举措，提高对构建“双循环”新发展格局和建设开放型世界经济的大局贡献度。

（三）贯彻新发展理念

习近平总书记指出："发展必须是科学发展，必须坚定不移贯彻创新、协调、绿色、开放、共享的发展理念。"[①]国际青年交流工作之所以取得今天的成就不是喊来的，而是干出来的。在新时代着眼未来发展，国际青年交流工作要贯彻新发展理念，强化全要素管理，发挥"一带一路"倡议的溢出效应，补齐工作格局中的短板，优化工作资源、合作伙伴、组织渠道的科学匹配度。

随着中国国际影响力的提升，中国青年全球胜任力不断加强，全球治理话语权显著提升，也日益具备了为世界做出更多、更大贡献的意愿和能力，成为国际体系中不可或缺的重要力量。在以后的发展中，国际青年交流工作要继续维护以联合国为核心的国际体系和以国际法为基础的国际秩序，引领青年在多边机制和国际舞台发挥应有作用，增强青年话语权，让更多青年参与和引领全球治理，展现青年在构建人类命运共同体中的智慧和力量。

---

①《习近平谈治国理政》（第三卷），外文出版社 2020 年版，第 17 页。

后　记

习近平总书记殷切期望新时代中国青年“要有家国情怀，也要有人类关怀”，为推动构建人类命运共同体而努力；多次强调要做好中外青年交流，培养人民友好事业接班人，并在多个外交场合深情勉励、亲切寄语各国青年，倡议并提出多个在多边和双边框架下的青年交流项目，身体力行推动中外青年交流交往。习总书记的重视、推动和重要指示为我们做好新时代国际青年交流工作指明了工作方向，提供了根本遵循。

在伟大的新时代，每个人都有实现梦想的机会。我们生逢其时，只要拼搏奋斗就能够写就最好的人生故事，成就最美的青春年华，提升人生的厚度与境界，为世界文明的发展贡献力量与智慧。

“玉不琢不成器，人不学不知道。”在人的一生中要不断地学习和总结，才能在多元的世界找准坐标，发挥自己的价值。我从事国际青年交流工作后，一直加强学习习近平外交思想，以此提高自己的理论水平，希望能更加知行合一，开拓思维、开阔视野，增强工作能力，更加坚定人生的方向，让自己全身充满爱的力量。

“情之所至，金石为开”，我相信这种学习的力量一定会形成一种内生力、凝聚力和向心力，在国际青年交流事业中更加提高我们的士气和战斗力，迎接各种挑战，以实际行动把工作做扎实、做出色、做出国际风范。

“一万年太久，只争朝夕。”我们的责任就是要把讲信修睦、协和万邦是中国外交基本内涵的理念，把我国治国理政的宏大事业，人民为实现中国梦想而奋斗的精神，当代中国青年心怀天下的理想情怀分享给国际青年，帮助他们产生心理认同感，从而使更多的青年了解中国、懂得中国、热爱中国、助力中国，成为“知华、友华、爱华”的国际友好人士。通过学习习近平外交思想，我不仅获得了知识还提高了境界，获得了深刻的启示。

提高理论水平，坚定政治信仰。在人类命运共同体背景下，国际青年交流工作者需要较高的理论水平和坚定的政治信仰，具有大局意识和国家意识是我们的根本政治担当。我们一定要把加强政治理论学习放在首位，时刻牢记政治担当，深刻理解中国梦与世界梦的密切联系，在思想和行动上，始终坚持国家利益至上，通过摆事实、讲道理传递积极友好的信息，用坚定的理想信念阐明中国立场，向国际社会发出中国青年的声音。

聚焦主责主业，提高业务能力。国际青年交流是一项宏伟的事业，需要我们用力、用心、用情把这一蓝图愿景描绘成现实美景。我们只有聚焦主责主业找准坐标，提高业务能力，才能更好地服务和引导好国际青年，成为他们的好朋友、知心朋友，大家一起为过上好日子而努力。在互联网时代，我们更要保持定力，增强本领，坚持主旋律不变、主频道不换，使中国成为国际青年的向往地和“打卡地”。在项目设计上要有创新意识和国际思维，以文化交流促进青年创新创业和经贸合作。在宣传上，要提升运用新媒体的技能，采用喜闻乐见的方式讲好中国故事。贯彻落实好党的十九届五中全会提出的“繁荣发展文化事业和文化产业，提高国家文化软实力”。

发扬奋斗精神，创新融合发展。苏格拉底曾说：“世界上最快乐的事，莫过于为理想而奋斗。”在多元的世界格局下，做好国际青年交流工作需要我们凝心聚力，共同奋斗，真抓实干。我们要发扬埋头苦干的奋斗精神，要有抓铁有痕的工作作风，要有创新融合发展的使命担当。心往一处想，劲往一处使，齐心协力，共同分享与面对工作中的快乐与困难，以真心换真心把朋友搞得多多的，把敌人搞得少少的。

做成并做好一件事需要各种善缘聚合。在此，感谢国防大学原副政委李殿仁中将为本书题写书名；感谢中共中央统战部原副部长胡德平先生、中国工程院院士沈昌祥先生为本书作序；感谢国务院参事室原主任王仲伟先生为本书的理论水平提升提出了独到建议；感谢著名学者李盛平先生为本书内容提出了很多真知灼见；感谢团中央书法摄影协会会长邹大力先生为本书的风格提供了高水平的创意建议；感谢北京林业大学教授铁铮先生为本书提出了很多有建设性的意见；感谢国防大学国际防务学院副院长许森先生为本书提出了很多宝贵的建议；感谢中国国际文化交流基金会体验中国文化基金主任王星娴女士为本书的出版提供了切实的帮助；感谢国家行政学院出版社的各位领导与编辑，他们认真的工作让本书增添了很多色彩；感谢单位领导和同事的支持，因为大家的关爱使我不断前行；感谢我所有的长辈及朋友，因为你们让我的人生充满温暖与力量；更要感谢我的夫人和女儿，因为你们的默默付出与鼓励，让我在实现梦想的道路上更加坚定。感恩的心让我们彼此更加亲切与亲密。

大家都是我人生旅程中的贵人，我希望可以不断地向大家学习，学习你们的优点与长处。在你们的激励与关爱下，我会不断提高与进步，在丰富多彩的人生道路上活得更加明白与通透。

习近平总书记强调，“青年的价值取向决定了未来整个社会的价值取向，而青年又处在价值观形成和确立的时期，抓好这一时期的价值观养成十分重要”。通过国际青年交流工作，使青年扩大了全球视野，全球胜任力不断加强，全球治理话语权显著提升，也日益具备了为世界做出更多、更大贡献的意愿和能力，已成为国际体系不可或缺的重要力量。

有位诗人说，天空没有留下翅膀的痕迹，但我已经飞过。生命的意义在于开拓进取和感恩。在以后的工作和学习中，我们要深入思考，念好政治经、算好良心账、干好技术活，切实把学习成效转化为解决实际问题的综合能力和工作业绩，真正做到想干事、能干事、干成事。

展望未来，我们心怀“而今迈步从头越”的豪情，始终不忘初心、牢记使命，提高大局贡献度，努力在国际青年交流事业上奋力前行，以温暖的力量多交朋友交好朋友，把“请党放心，强国有我”真正内化于心、外化于行，共同为构建人类命运共同体贡献青年力量！

由于本人的认知水平有限，还有很多不完善的地方，希望各位读者不吝批评指教。

作　者

2021年7月于北京大学